中学英語でもっと読みたくなる洋書の世界

林 剛司

青春出版社

はじめに

毎日、少しずつでも「英語読書」を習慣に

本書は、2020年10月に刊行した『中学英語から始める洋書の世界』の「続編」になります（そちらもぜひお読みいただきたいですが、読まずに本書から読み始めても内容理解にはまったく支障はありません）。

本書も前著に続き、中学、高校生の現役学習者から、英語に再挑戦している社会人まで、無理なく、楽しく読める英書を紹介しつつ、英書をどのように読んでいけばいいか、そして実際に英語で会話や作文をする際に、英書の中で出会った英語表現や語句をどのように活用していけばいいかというヒントも、お話ししていきたいと思っています。

本書を読んでいただければ、学校でしっかりと学んだ英語が、実際の英書を読む際に大いに役立つことに気づくでしょう。そのために、中学や高校で習う文法や表現と関連付けた説明を随所に入れてあります。

ペーパーバックに入る前段階としてLeveled Readers（LR：英語を母語とする児童向けの学習用絵本）やGraded Readers（GR：英語学習者向けに書かれた段階別読み物）、そして英語母語話者向けの児童書などをたくさん読むといいでしょう。

そしてゆくゆくはペーパーバックを読めるようになっていただきたいと願っています。

〈英語読書のヒント〉

1. 自分の英語力よりもはるかにやさしい英語で書かれた本を選ぶ

2. 最初の2〜3ページを読んで面白くない（or 理解できない）と思えば、読んでいる途中であってもやめる

3. 原則として、辞書は引かない（辞書を引かなくても読める本を選ぶ）

わからないところは飛ばして読んでも、あとで意味がつながってくるものです。それでもどうしても気になる単語があれば、1ページにつき1〜2回までは辞書を引いてもよい、などと自分で約束事を作ってみましょう。

★☆☆☆　中学1年の英語力

★☆☆☆　中学2年の英語力

★☆☆☆　中学3年の英語力

★★☆☆　中学卒業程度の英語力

★★☆☆　高校1年の英語力

★★★☆　高校2年の英語力

★★★☆　高校3年の英語力

★★★★　高校卒業程度（大学受験）の英語力

あくまでもこれは「おおよその」目安ですので、厳密なものではありません。ご自身の英語力や興味に合う本を読んでいってほしいと思います。

　これらの難易度分けは、主に「語彙」と「文法」を考慮しましたが、中には「語彙」は中学１年レベルであっても「文法」は高校１年レベルである、という本もないわけではありません。それは、本書で紹介している本は、（前著『中学英語から始める洋書の世界』同様）日本人のために書かれた本ではなく、英語を母語とする人達や、英語を学習している世界中の非母語話者のために書かれた本であるためです。したがって、くり返しになりますが、本書での難易度分けはあくまでも「目安」としていただければ幸いです。本書では、紹介する本の中から原文を引用していますので、その英文を読むのが「自分の英語力に合っているか否か」の判断基準になると思います。

　英語読書が長続きし、しかも英語力を向上させるポイントは、自分の英語力よりも少し「やさしめ」のレベルから始めることです。やさしい英語のインプットを充分に行ってから、レベルアップしていってください。本書では、やさしいレベルから少しずつ難易度が上がっていく本を紹介していますので、本書に登場する本を、その順番通り読んでいけば、中学から高校までの英文法の復習ができ、なおかつ無理なく英語読書生活を形成することができます。

　また、文法事項を理解していただくために「例文」も豊富に記載したというのも本書の特徴の１つです。実際に会話や英作文（アウトプット）の際に使えるような例文を集めました。例文の多くは、私が作り、英語母語話者にチェックしてもらったものですが、それに加え、既存の書籍から引用したものもあります。それらについては引用先を明示してあります。その引用先を示す際

には、[　]を使って略称を表記しました。それらの略称につきましては巻末の「参考（引用）文献」をご覧ください。

　今回は、それぞれ紹介する本の「語数」を、出版社が公式に発表している場合のみ、付記することにしました。語数も、本を選ぶ際に参考にしてください。

　前著『中学英語から始める洋書の世界』について、さまざまな方から好意的なコメントをたくさんいただきました。

　同書を読んだ少年写真新聞社の編集部の方から、同社が刊行している「図書館教育ニュース」（全国の中学・高校約 6,000 校の学校図書館に掲示されるポスターサイズのカラー新聞）で「英語の本を読んでみよう」という特集を企画しており、その監修をお願いできないかというご依頼があり、もちろん快諾しました。

　また、同書を読んでくださった朝日カルチャーセンター・中之島教室から依頼があり、やさしい英語で書かれた本を読む講座の講師を務めることになりました（現在継続中です）。

　さらに、2023 年 3 月には、Books Kinokuniya Tokyo で「英語学習としての Graded Readers の選び方―英語読書のすすめ」という題で講演する機会をいただきました。こちらは予約制でしたが、予約開始日から数日で「予約満席」となり、当日は立ち見のお客さまも何人かいらっしゃいました。質疑応答は講演後も続き、いろいろな方々との交流を楽しみつつ、「英語の本を読めるようになりたい」と思っている人が、年齢や職業を問わずたくさんいるという事実を再認識しました。

　朝日新聞社が発行する、英語と日本語による週刊新聞『朝日ウ

イークリー』(*Asahi Weekly*) における私の連載記事「放課後ブッククラブ」は 2015 年 4 月に始まったものですが、2024 年度も継続になり、10 年目に突入しました。全国に拙稿を興味深く読んでくださり、また英語読書を実践している方がたくさんいらっしゃるということも私にとっては大きな励みとなり、『中学英語から始める洋書の世界』の続編を書きたいという気持ちをさらに後押ししてくれました。

　本書は『朝日ウイークリー』(*Asahi Weekly*) において著者が 2020 年 4 月〜 2023 年 3 月に連載執筆した「放課後ブッククラブ」に大幅に加筆修正を加えたものです。また、それらに加えて、同連載記事で扱わなかった本も紹介、解説しています。

林　剛司

中学英語でもっと読みたくなる洋書の世界　目次

はじめに　003

★☆☆☆　中学1年の英語力

01 ｜ 中学1年生の英語でも楽しめるファンタジーの世界　012
02 ｜ 30ページですぐに読める多読入門者におすすめの1冊　015
03 ｜ 漫画形式の英語でさらにわかりやすく　018
04 ｜ 日本の英語学習に熟知している教師が監修したシリーズ　024

Column 1　コロケーションと類語を学べる辞書　028

★☆☆☆　中学2年の英語力

05 ｜ 知っているはずの単語の他の意味を推察してみよう　029
06 ｜ ニューベリー賞受賞作家の児童書　036
07 ｜ 表紙の裏におりこまれている絵辞典も読書の友に　045
08 ｜ コーヒーをいれる、右に曲がる…
　　　日常の動作を英語で言えますか？　049
09 ｜ 現在形のみで書かれる物語でも充分楽しめる　053

Column 2　中学高校の英語を復習しましょう　065

★★☆☆　中学3年の英語力

10 ｜「マッチ売りの少女」のretold版で楽しく学ぶ　066
11 ｜高校・大学生におすすめのGRシリーズ　070

Column 3　英英辞典を使ってみよう　075

★★☆☆　中学卒業程度の英語力

12 ｜ 知らない語に遭遇してもとりあえず読み進める　076
13 ｜ 小学校の Lunch Lady が悪人たちと戦う　082

Column 4　文法総復習にピッタリの 1 冊　090

14 ｜ 英文学の名作を retold 版で味わう　091
15 ｜ アメリカで定評のある絵本を読んでみよう　097
16 ｜ アメリカの家の文化も見えてくる人気絵本作家シリーズ　103

Column 5　お気に入りの英文を何度も筆写してみよう　108

★★★☆　高校 1 年の英語力

17 ｜ 「Little Bear」シリーズで心なごむひとときを　109
18 ｜ Arthur 一家の珍道中をドキドキしながら読み進めよう　113
19 ｜ 『ロビンソン・クルーソー』や『ガリバー』を
　　　retold 版で読む　117
20 ｜ 名作の retold 版
　　　『不思議の国のアリス』『クリスマス・キャロル』　121
21 ｜ 受験で覚えた構文が、洋書のなかでもちゃんと使われている　126
22 ｜ 三人の少女たちの日常会話から
　　　英語に親しんでいけるシリーズ　130
23 ｜ 特殊な能力を持った少女が事件解決に奔走する！　134
24 ｜ 同じ単語が 1 ページのなかで違う意味で使われている例　137

Column 6　アメリカ英語 vs イギリス英語　141

★★★☆　高校2年の英語力

25 ｜ 19世紀の文豪たちの小説を retold 版で　142
26 ｜ バラク・オバマについての伝記をやさしい英語で読む　146
27 ｜ 少女の心の機微をとらえた児童文学　148

Column 7　英語で日記をつけてみよう　152

★★★★☆　高校3年の英語力

28 ｜ 『穴』で有名なルイス・サッカーが
　　　少年の日常生活をユニークに描く　153
29 ｜ 英会話でも使える表現が盛りだくさんの児童書シリーズ　161

Column 8　音読のコツ　165

★★★★　高校卒業程度の英語力

30 ｜ 文語的な表現にもトライ！
　　　1万語以上の語数もスラスラいける　166
31 ｜ 日本でも放送された人気の魔女シリーズ　175
32 ｜ in ＋感情を表す名詞でどんな表現となっていくのか？　179

Column 9　絵本のすすめ　182

おわりに　183
INDEX　190

校正　鷗来堂

ブックデザイン　大場君人

01 | 中学1年生の英語でも楽しめるファンタジーの世界

　Step into Reading という、アメリカの児童向け LR から1冊紹介します。このシリーズは Level 1 から Level 5 まで、5段階の難易度に分かれています。今回紹介する本は Level 1 です。Level 1 の本は語数が 50 語以下から、多くても 200 語前後です。Level 5 になると 4,000 ～ 5,000 語くらいで、難易度も「★★★」になります。

　それぞれのレベルの中から語数が少なくて、なおかつ面白そうなタイトルを選んで読んでいき、そのレベルがスラスラ読めるようになったら次のレベルに移ってみるとか、中1の生徒さん（中1の英語をしっかり復習したい人）は Level 1 を読み、次の学年に上がるごとにレベルも1つずつ上げていく、というのもいいでしょう。カラフルな絵と、大きめの文字がこのシリーズの特徴です。

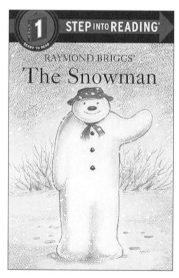

The Snowman
———
著者：Raymond Briggs
出版社：Random House Book for Young Readers

この本では、日常生活でよく使われる動詞（run、make、put、look 等）と、それらに「3 人称単数の s」が付くことや、現在進行形（be 動詞 + ～ing）を復習することができます。

天候を表す it

James という少年が朝、窓の外を見ると、雪が降っています。

Hooray! It is snowing!（p.4）

hooray（hurray や hurrah とも書きます）というのは歓喜・賞賛・激励などの気持ちを表す言葉で、日本語では「やったー！」「イェーイ！」等に相当します。

天候を表す際に、主語には it（日本語には訳されませんが）、動詞は rain、snow、pour（雨が激しく降る）等が用いられます。

> **例文**
> ・It's raining［sleeting, hailing］now.（今、雨［みぞれ、あられ］が降っている）
> ・It thundered, and then it started pouring.（雷が鳴り、それから雨が激しく降り始めた）
> ・It never rains but it pours.（降れば必ずどしゃ降り）
>   これは諺で「二度あることは三度ある」「泣き面に蜂」に相当します。

James は服を着替えて（get dressed）、外に出ます。**He**

makes a pile of snow. He makes it bigger and bigger. He puts a big snowball on top.（p.6 ～ 8）そして、大きな snowman が出来上がりました。

時を表す it

It is nighttime. James sneaks downstairs.（p.14）

「時」を表す際にも、主語を it にします（この it は日本語に訳されません）。

> 例文
> ・It's dinnertime.（夕食の時間です）
> ・It's spring.（春です）
> ・It's time to take a break.（休憩の時間です）

02 | 30ページですぐに読める 多読入門者におすすめの1冊

　Penguin Young Readers という LR のシリーズから 1 冊紹介します。このシリーズは 4 つの難易度レベルに分かれており、今回紹介するのは一番やさしい Level 1 です。

a と the

　16 個の英文とかわいいイラストで約 30 ページ構成になっていて、すぐに読めてしまうかもしれませんが、中学生や、英語学習を基礎からやり直したい方、多読入門者におすすめの 1 冊です。

Max has a fish. The fish can swim.（p.4 ～ 5）

　初めて登場する可算名詞（で単数の場合）には a を付けますが、2 回目以降になると a は the に変わります。

Max Has a Fish
—
著者：Wiley Blevins
出版社:Penguin Young Readers

| 例文
| ・My uncle has a dog and a cat. The dog is black and the cat is white.（叔父は犬と猫を飼っている。

犬は黒くて、猫は白い）

・Planning a trip is almost as exciting as the trip itself.（旅の計画を立てることは、その旅自体と同じくらいワクワクする）

助動詞 can

　主人公 Max は、いろんなことができるペットの fish をとても可愛がっています。「できる」ことを助動詞 can で表しますが、助動詞の後は動詞の「原形」が続きます。Max の魚ができることを、can の後に eat, hide などの動詞（の原形）を続けて説明していきますが、1つ、どうしてもできないことがありました。

But the fish cannot dance.（p.12）

「できない」は cannot（= can't）ですね。

形容詞 every の使い方

　Max の魚は dance ができないのですが、**Every boy wants a fish that can dance.**（p.14）

　日本語で「すべての男の子たちは」というと、「複数形」をイメージしますが、英語ではこの意味で every を使う時は「単数形」になりますので注意しましょう。every boys ではなく、every boy。そして、主語が Every boy なので、動詞には3人称単数の s を付け wants となっています。

> **例文**
> ・I enjoyed every minute of my stay in Rome.（ローマ滞在中は一瞬一瞬が楽しかった）
> ・Almost every computer is broken.（ほとんどすべてのコンピューターが壊れている）
> ・Every boy and girl knows the answer.（どの少年少女もその答えを知っている）

ただし「…ごと（おき）に」という意味で使う場合には、「every ＋ 数詞」の後、複数形の名詞が来ますので注意しましょう。

> **例文**
> ・Take the medicine every four hours.（4 時間おきにその薬を飲みなさい）
> ・The traffic was so heavy that we had to stop every few meters.（交通量があまりにも多くて、数メートルごとに止まらなければならなかった）

Max は fish に何とか dance してもらおうといろいろ試みてみます。**He wiggles his butt.**（p.21）というような、学校英語では出てこないような英語にも触れることができます。

最終的には fish は dance してくれるのでしょうか。

03 ｜ 漫画形式の英語で さらにわかりやすく

　Oxford Bookworms Library シリーズから 2 冊紹介します。Oxford University Press から刊行されている GR です。難易度は Starter（基本 250 語レベル）から Stage 6（2,500 語レベル、1 冊の総語数が 30,000 語前後）までの 7 段階に分かれていて、古典文学、現代フィクション、ノンフィクション、戯曲などの分野で 260 以上の本がそろっています。裏表紙に総語数（word count）が表示されています。巻末には Glossary という単語リストがあり、本文に登場する語がいくつかリストアップされていて、平易な英語で定義が掲げられています。

　ここで紹介するのは、一番やさしいレベルの Starter です。このレベルには、漫画形式（comic strip）のものと、普通の挿絵形式のものの 2 種類がありますが、ここでは漫画形式のものを 2 冊紹介します。

　Steve は、Cado という町に住んでおり、父はこの町の週刊新聞 Cado Star の editor。ある日、Steve は「町に女の子が引っ越してきた」（there's a new girl in town）と友人から聞きます。その女の子は tall, with red hair and a nice smile で、Marietta という名前だそうです。Steve はその子を探しに町に出かけます。

need to 〜 「〜しなければならない」

　Steve が家を出る前に、父が Cado Star の唯一の reporter が病気で1週間仕事を休むことになった、と母に話しています。そして父は Steve にこう言います。

　"I need to find something interesting for this week's newspaper."（p.3）

　need to 〜は「〜しなければならない」という意味で、have to 〜と共に中学で習いますね。have to は、自分の意思よりも、規則や状況から判断して「義務」としてしなければならないという状況で使われます。場合によっては義務感や焦燥感を伴います。それに対して need to は、外的要因に影響されるものではなく、自分の考えや意思で「しなければならない」ことを表します。

Star Reporter

John Escott 著
出版社：Oxford University Press
総語数：960 語

例文
・I need to see a doctor right away.（私はすぐに医者に診てもらう必要がある）

・I need to think about this before I make a decision.（決断をくだす前にこのことを考える必要がある）[LDOCE, 3]

・It's not very late. We don't need to go home yet.（そんなに遅い時間ではないから、まだ帰宅する必要はない）[BGU, p.100]

・You didn't need to bring any food but it was very kind of you.（食べ物を持って来ていただかなくてもよかったのに。でも、どうもご親切に）[OSD]

・Megan starts work at 7:00, so she has to get up at 6:00.（ミーガンの仕事は7時に始まるので、6時に起床しなければならない）[BGU, p.62]

・You have to pass a test to get a driver's license.（運転免許を得るためには試験に合格する必要がある）

・I have to go to work today.（今日は仕事に行かなければいけません）

さらに父は、**"Maybe you can find something interesting for me, Steve."**（p.3）と言います。新聞の記事のための面白いネタを見つけて来てくれ、と暗に頼んでいるのです。

Steveは町中を車で走っていると、Mariettaらしき女の子を見かけます。Mariettaは写真を撮るために町に出ているのでした。良い写真が撮れたら新聞社にその写真を売ることができるかもしれない、と考えながら町中を移動します。そんな彼女をSteveは追い続けます。Steveは、Mariettaを見つけるたびに、ヘマをおかします。どんなヘマをおかすのか、そして最終的にどのような形でMariettaと知り合うことができるのかをぜひ読み取ってください。

***

間接疑問

転職のため会社を辞めることになった Jack の送別会が開かれています。同僚の一人がこう言います。

"Jack's leaving and we're all very unhappy. Here's a present for you. You can use it in your new job."（p.2）

そして Jack は同僚たちからプレゼントを受け取ります。それは、mobile phone でした（これが物語の後半で思いがけず大活躍します）。

会がお開きになり、Jack は帰宅するためにタクシーを探しますが、夜遅いためなかなか見つかりません。ようやく1台見つけ、運転手に行き先を伝えるやいなや、Jack は寝てしまいます。実は寝ている間に、とんでもないことが起きていました。銃を持った男がタクシーに乗り込んできたのです。男は運転手

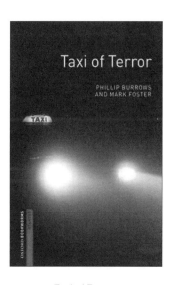

Taxi of Terror

Phillip Burrows 著
出版社：Oxford University Press
総語数：970 語

を脅し、目的地へ向かわせます。後部席で寝ていた Jack もやがて目を覚まし、この状況を何とかしようとするのですが、とうとうタクシーの boot に入れられてしまいます。boot は主にイギリスで使われる語のようで、アメリカ英語では trunk、つまり「トランク」のことです。

boot の中の Jack は、送別会でもらった mobile phone のことを思い出し、警察に電話します。

"A man's in our taxi. He's got a gun. I don't know where he wants to go. He's very dangerous."（p.16）

I don't know where he wants to go. のように、疑問詞（ここでは where）を使う疑問文（Where does he want to go?）が文の中に入ると、＜疑問詞 + 主語 + 動詞＞の順になります。これを「間接疑問」といいます。Jack の電話を受けた警察のセリフの中にも、**"You know who that is?" "We must find where you are."**（p.17）という間接疑問文が登場します。

例文

・I don't know what you are talking about.（君が何の話をしているのかわからないよ）

・He told me how he learned English.（彼はどうやって英語を学んだか教えてくれた）

・Do you know who wrote this poem?（この詩は誰が書いたか知っている？）

＊このように、疑問詞が主語になる場合は、そのまま＜主語 +
動詞＞の語順にします。主語が who、動詞が wrote になります。

　警察はタクシー運転手と Jack を無事に保護し、銃を持ったこ
の危険な男を捕まえることができるでしょうか。

04 | 日本の英語学習に熟知している教師が監修したシリーズ

　Foundations Reading Library という GR シリーズから 2 冊紹介します。このシリーズは、Level 1 から 7 までの 7 つのレベルに分かれています。

　今回紹介する 2 冊は Level 3 です。話題は、アメリカの学校生活、趣味、友情、初恋…など身近なもので、読んでいくうちに日常生活の英語をたくさん学ぶことができます。著者は Rob Waring と Maurice Jamall。両者とも日本で英語を教えた経験を持つ、英語教育のプロです。

　各巻の裏表紙に、ストーリーの中に出てくるいくつかの語句、そして登場人物がイラストとともに紹介されています。また、裏表紙には、ストーリーの簡単な紹介が書かれてあります。ストーリーを読み始める前にこれらをサッと見ておくと、スムーズに物語に入っていけますし、中断することなく最後まで読み通すことができるでしょう。

happy の使い方

　高校のバスケットボール試合の場面から物語は始まります。Bayview 高校と Newtown 高校の試合です。主人公 Mark は Bayview 高校チームの star player で、この試合は彼の slam dunk がチームを勝利に導きました。彼のチームは、明日の

finals（決勝）に進むことになりました。

The basketball team is very happy with Mark.（p.6）

happy には「…に満足して」（satisfied）という意味もあります。通常 be happy with/about ＋ 人・物、be happy in/at ＋ 事、という形で用いられます。

Mark には両親がおらず、年老いた祖母と二人で暮らしています。帰宅し、今日の試合のことを祖母に報告する Mark。

She is very happy for Mark.（p.9）

ここでの happy はお馴染みの「＜人のことで＞喜んで、嬉しくて」の意味で、be happy for ＋ 人、という形で用いられます。

例文

・I'm not happy with my new job.（新しい仕事には満足していない）

・Congratulations! I'm happy for you.（おめでとう。よかったね）

Slam Dunk for Mark
———
Rob Waring, Maurice Jamall 著
出版社：Cengage Learning

しかしこの後、Mark は祖母の体調がとても悪いことに気づきます。翌日、彼は祖母を医者に連れて行くことにしますが、翌日はバスケの finals が行われる日です。Mark は finals には出場せずに、祖母を病院に連れて行くことを選択します。彼が出場しないというのは、チームにとっては大きな痛手になります。

この後、ストーリーはどう展開するか？　ぜひ皆さんも Mark になったつもりで最後まで読んでみてください。

＊＊＊

知覚動詞

Eric は友人の Yoko の家に寄り、一緒に beach へ行こう、と誘います。Yoko はぜひ一緒に行きたい、とワクワクしながら、外出していいかどうかをお母さん（Mrs. Ogawa）に尋ねます。しかし、お母さんは Eric をチラッと見ると、**"No. I don't like him." "No, you can't go out! You have a test tomorrow."**（p.4）と言い、Yoko が外出することを許してくれません。仕方なく Yoko は諦め、Eric は一人で beach に向かうことになりました。

Eric は Yoko を誘う時に、**"I want to watch the sun go down."**（p.3）と言っていました。Eric と一緒に beach に行けなくなった Yoko も、部屋で一人になって、**"I want to see the sun go down."**（p.6）と思います。知覚動詞（または感覚動詞とも呼ばれます、see、watch、hear、feel 等）＋ O ＋ V 原形で、「O が V するのを見る（聞く、感じる）」という意味になります。

> 例文
>
> ・I've never seen my brother read a book.（私は弟が本を読むのを一度も見たことがない）
>
> ・I heard someone cry for help.（私は誰かが助けを求めて叫ぶのを聞いた）

　この後、お母さんに嘘をついて、こっそり部屋を抜け出し、Eric に会いに beach に向かう Yoko。無事に beach で Eric と会うことができたのですが、Yoko はそこで思いがけないアクシデントに遭遇します。

　しかし、このアクシデントが Eric と Yoko の友情をより深める結果になります。

A Good Friend
———
Rob Waring, Maurice Jamall 著
出版社：Cengage Learning

Column 1
コロケーションと類語を学べる辞書

　私が常に机上に置いている辞書の1つに *Longman Collocations Dictionary and Thesaurus* (Pearson Education Ltd., 2013) があります。これはコロケーションの辞書でありながら、thesaurus（類語辞書）でもあり、語の簡潔でわかりやすい定義があり、米と英での語法の違いのコラムもあり、豊富な例文が提示されています。辞書というより学習書であり、読みごたえがあります。コロケーションというのは、ある単語と単語のよく使われる組み合わせ、自然な語のつながりのことです。例えば「多くの人」は many people と言いますが、「人口が多い」を many population とは言わず、large population と言う、というようなことです。

　同書で accommodation という語を引くと、"a place for someone to stay, live, or work" という定義の後に Grammar というコラムがあって、"In American English, the plural form accommodations is often used. In British English, however, people only use the uncountable form accommodation" とあります。そしてその後は、accommodation という語が、どういう形容詞、動詞と、あるいはまた別の名詞と一緒に使われることが多いかが、すべて例文付きで提示されています。最後に、"In everyday English, people often say I'm looking for somewhere to live/stay instead of 'I'm looking for accommodation.'" という実用的なコメントも掲載されています。

「とにかく単語を覚える」という段階から、次の「実際に会話や作文で使える」段階まで導いてくれる1冊だと思います。

05 | 知っているはずの単語の 他の意味を推察してみよう

　Macmillan Readers から3冊紹介します。現在形のみで書かれている Starter（Level 1）から、Upper（Level 6）までの6段階にレベル分けされています。

　オリジナルストーリーから、文学作品や映画の原作の retold 版まで、幅広いタイトルがそろっています（私は個人的には古典文学の retold が秀逸だと思っています）。Pre-intermediate（Level 4）以上になると、巻末に Glossary が付いています。それよりもやさしいレベル（ここで紹介する3冊もです）には Glossary は付いていませんが、知らない語が出てきても文脈やイラストから推測できたり、文章の中で上手く言い換えられ（説明され）ているので、それほど戸惑うことはないと思います。

　Level 1 の本は語数が約500語から、多くても1,000

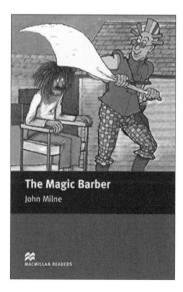

The Magic Barber
—
著者：John Milne
出版社：Macmillan Education

語前後です。それぞれのレベルの中から語数が少なくて、なおか
つ面白そうなタイトルを選んで読んでいき、そのレベルがスラス
ラ読めるようになったら次のレベルに移ってみるとか、中1の生
徒さん（中1の英語をしっかり復習したい人）は Level 1 を、そ
して次の学年に上がるごとに level も1つずつ上げていく、とい
うのもいいでしょう。Level 1 は各ページにカラフルな絵がある
ことが特徴です。

　舞台は Crossways という町です。

Crossways is a quiet town. Crossways is a sleepy town.（p.2）

　この町を quiet と sleepy という形容詞で説明しています。
sleepy は、I feel［am］sleepy.（私は眠い）というふうにすぐに
口をついて出てくるという人でも、この語に「＜土地などが＞活
気がない」（反意語は lively）という意味もあることを知ってい
る人はそう多くないかもしれません。知っているはずの単語が、
自分の知っている意味とは違う使われ方をされているかもしれな
い、と思った時に（文脈から意味が推測できればそのまま読み進
めてもいいのですが）、気になったら辞書を引いてみると、新た
な発見があって楽しいものです。

everybody は単数扱い

**Everybody has long hair. Everybody wears a large hat
over their long hair.**（p.3）Crossways は何だか謎に満ちた町で、

みんな長髪で、大きな帽子を被っているのです。ある日、見知らぬ少年が叩くドラムの音で、

Everybody wakes up.（p.4）

その少年の後ろには、"The Magic Barber" という看板を掲げた cart を donkey が引っ張っており、cart には barber らしき男が乗っています。

everybody（= everyone）は「みんな」という意味なので、複数形名詞のように思ってしまいがちですが、実はこの語は単数扱いです。ですので、動詞が has、wears、wakes（三単現の s が付いている）となります。

Everybody reads the notice. Everybody in Crossways is happy. They don't like black hats.（p.7）

ここでの the notice は "The Magic Barber" という看板を指しますが、そこには、Why wears hats? / Have your hair cut. / Only 1 dollar. と書かれています。

実はこの町のみんなは帽子を被るのはもうウンザリしていたのか、長髪を切ってしまえば帽子ともおさらばできると思い、この barber を歓迎したのでした。みんな帽子を放り出し、散髪をしてもらいます。その間、さっきまでドラムを叩いていた少年がみんなが放り投げた帽子を拾い集めて姿をくらまします（何か怪しいですね）。

　散髪が済んだ人々は、さまざまな髪型やカラーを楽しみ、喜びます。ところが翌朝、みんなの髪の毛がなくなっている（no hair/ bald）ではありませんか！　当然みんなは怒り出します。

　いったい何が起こったのでしょう？　風刺が効いた、面白いストーリーになっています。

＊＊＊

　全ページ、オールカラーのコミック形式になっています。Los Angeles で detective をしている Lenny Samuel（Len）のオフィスに、見知らぬ男が押し入り、Len に銃を突きつけます。この男は Frank という名で、Mr Blane の使いでした。

「固執・拒否」の will（won't）

　Frank は Len に、**Come with me. Mr Blane wants to speak to you.**（p.3）と言いますが、Len はこう答えます。

　I won't go with you, Frank. I don't like Mr Blane. I don't want to speak to him.（p.3）

　will には「どうしても～しようとする」（固執）の意味があります。

　上の Len のセリフでの won't はその否定で「どうしても～しようとしない」（拒否）という意味を表すことができます。これらの意味を表す時の will（および won't）は強く読まれます（強

勢が置かれます）。Len は Mr Blane のことが好きではないので（その理由は本文を読めばわかります）、どうしても Mr Blane には会いたくないわけです。その意志の強さが表れています。

> 例文
> ・Even if I fail, I will try.（失敗してもいいので、絶対にやってみます）
> ・The door won't open.（ドアがどうしても開かない）

　しかし無理やり Mr Blane の家に連れられる Len。そこで Mr Blane の話を聞くことになるのですが、彼の娘の Carmen が誘拐され、身代金を要求されていることがわかります。

　Mr Blane は Len に、**You're going to help me, Mr Samuel. You're going to find my daughter.**（p.6）と言います。

　ここで be going to…が使われており、will と同様「未来」を表しますが、be going to…は「〜するつもりだ」と前もって考えられていた意図・計画を表します。主語の意志とは関係なく「…するこ

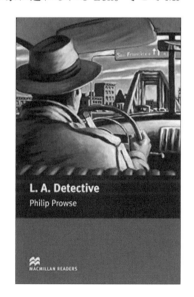

L. A. Detective
———
著者：Philip Prowse
出版社：Macmillan Education

とになっている」ということになり、「あなたは私の娘を見つけることになっている」という、一種の「命令」の意味が込められているのです（江川泰一郎『英文法解説』p.221 参照）。

こういう be going to ～の意味を理解して読むと、Mr Blane の傲慢な性格をも読み取ることができるわけです（文法をきちんと理解していると、このように登場人物の性格や、言葉の奥にある意味、ニュアンスも理解できるので、文法は大切ですね）。

そこで Len は 'I don't like you, Blane. I don't want your money. But Carmen is in trouble. She needs help. I'll help her.'（p.7）と言い、Carmen を助け出すことを決意します。しかしこの誘拐事件は「ワケアリ」のものでした…。

＊＊＊

for「～と交換に」

Carla は外出していますが、雨が降ってきました。彼女は野外の market で赤い傘を見つけます。「＄10」という表示を見ますが、**Carla is a student. She doesn't have much money.**（p.2）なので、店の人にこう言います。

I can give you seven dollars for that umbrella.（p.3）

この for には「～と交換に」（in exchange for ～）という意味があり、barter, change, commute, exchange, give, pay, reward, sell, swap, switch, trade 等の動詞と共に使われることが多いです。

例文

・I paid 20 pounds for the CD.（その CD に 20 ポンド支払った）

・Can I change this for a larger size?（これを大きいサイズのと交換できますか）

店の人は、**This is your lucky day. Give me seven dollars. The umbrella is yours.**（p.3）と言って、7 ドルで売ってくれました。しかしこの後、立ち寄った店で誰かが Carla の傘を持って行ってしまいます。Carla は、**This is not my lucky day!**（p.6）と思います。

それでも、物語の最後に彼女は、**This is my lucky day!**（p.16）と言うのです。これは、彼女が自分の傘を取り戻したからでしょうか。いいえ、他に理由があるようです。その理由をぜひ本文から探し当ててください。

The Umbrella

著者：Clare Harris
出版社：Macmillan Education

06 ニューベリー賞受賞作家 の児童書

　アメリカの作家 Cynthia Rylant（1954 〜 　）の児童書 Mr. Putter & Tabby シリーズから 2 冊紹介します。

　このシリーズについては、前著『中学英語から始める洋書の世界』（p.38 〜 41）でも紹介しましたが、本書では同シリーズから、別の 2 タイトルを紹介します。

　著者の Rylant は、児童文学作品、絵本、短編、小説等、100 冊以上の作品を出版しており、日本語に翻訳されたものも多数あります。*Missing May*（『メイおばちゃんの庭』）で 1993 年度ニューベリー賞（The John Newbery Medal）を受賞しています。ニューベリー賞とは、毎年、アメリカにおける最も優れた児童文学の著者に与えられる（世界で一番古い歴史を持つ）児童文学賞です。

　「児童書を読んでみたいけれ

Mr. Putter & Tabby Toot the Horn
———
著者：Cynthia Rylant
出版社：Houghton Mifflin Harcourt

ども、何を読んだらいいだろう」と思っている人は、ニューベリー賞受賞作を読んでみるというのも一案かもしれません。

　Mr. Putter & Tabby シリーズは、それぞれが独立したストーリーなので、どの巻から読んでもいいのですが、第1巻 *Mr. Putter & Tabby Pour the Tea* から読み始めることをおすすめします（『中学英語から始める洋書の世界』p.38 参照）。そこでは、Mr. Putter と彼のペットの猫 Tabby との出会いが描かれています。

　このシリーズの英語は、1文が短くてわかりやすく、日常生活で使われる英語に満ち溢れています。

　Mr. Putter と、ご近所の Mrs. Teaberry の共通の趣味は音楽です。ある日、Mrs. Teaberry は、"We should join a band." と Mr. Putter に提案します。

　"But I can't join a band," said Mr. Putter. "I can't play an instrument."

　"Of course you can," said Mrs. Teaberry. "Old people can do anything they want."

　"Can they say they can't play an instrument?" asked Mr. Putter.

　"No," said Mrs. Teaberry.

　So she and Mr. Putter went to look for a band.

　というわけで、Mr. Putter と愛猫の Tabby、Mrs. Teaberry と愛犬の Zeke は、いろいろなバンドの演奏を聞きに出かけます。

make の使い方

　まずは、Irish band が演奏する jig を聞きに行きます。

But the jigging made Tabby nervous and Zeke itch.

　まず、made Tabby nervous ですが、「Tabby を不安（な状態）にした」という意味になります。「S（主語）＋ V（make）＋ O（目的語）＋ C（補語）」という語順になり、「S（人・物・事）が O（人・物・事）を C にする（…される状態にする）」という意味になります。C には名詞・形容詞・過去分詞が来ます。ここでは形容詞 nervous が来ています。「jigging が Tabby を不安にさせた（怖がらせた）」ということになります。

　この make を使った例文を紹介します。

> 例文
> ・The news made me happy.（そのニュースは私を嬉しくさせた）
> つまり、「そのニュースを聞いて嬉しくなった」ということです。
> ・Make yourself comfortable.（くつろいでください、楽にしてください）
> 「あなた自身を comfortable（くつろいだ、楽）な状態にしてください」というのが直訳ですが、誰かを家に招いた時に、招待

者がそのお客に対して言う決まり文句です。Make yourself at home. とも言います。

・I couldn't make myself understood in English.（私の英語が通じなかった）

直訳すると「私は自分自身を英語で理解されなかった」ということになり、「英語が通じなかった」という意味になります。よく使われる表現です。この understood は過去分詞です。

次に、後半の…and Zeke itch ですが、これは the jigging made Zeke itch. ということです「make ＋ O ＋ V の原形」で「O に V させる」という意味になります。人が主語になる場合には「強制的に（無理やり）〜させる」という意味を持ちますが、物が主語の場合（無生物主語）は強制的な意味を持ちません。

本文の場合は「jigging が Zeke を痒がらせた」ということで、Zeke は jigging を聞いていると痒くてムズムズした、ということになります。

例文

・She made her son eat tomatoes.（彼女は息子にトマトを無理やり食べさせた）

・The manager made his employees work 6 days a week.（その経営者は従業員たちを週6日働かせた）

・I made him quit smoking.（彼にタバコをやめさせた）

・What makes you say that?（どうしてそんなことを言うのですか）

直訳すると「何があなたにそれを言わせますか」となります。

・His jokes always make us laugh.（彼の冗談はいつも我々を笑わせる）

　というわけで、Irish band には入ることができないと考えたMr. Putter と Mrs. Teaberry は、次に brass band の演奏を聞きに行きます。

But the brassy sound made Mrs. Teaberry's teeth hurt.

　そして次に二人が向かうのは jazz band の演奏です。

Then they went to hear a jazz band. The band played very late, in a club, after midnight.
Mr. Putter fell asleep. So they could not play in a jazz.

　このように、いくつかの band の演奏を見て回った結果、自分たちは band に参加することはできない、と考える Mr. Putter と Mrs. Teaberry。
　しかし、数日後…。

"I have it!" said Mrs. Teaberry a few days later.
She had brought Mr. Putter and Tabby some peach tea and a carrot pie.
"*We* will be a band!"

　冒頭の、**"I have it !"** はよく使われる表現で「わかった！」

というふうに、何か良いアイデアが思い浮かんだ時に使われます。"*We* will be a band!"の We がイタリックになっているので、ここは声に出して読む際にも強調して読みましょう。他の誰かやバンドを頼るのではなくて「自分たち（We）でバンドを作っちゃえばいいのよ！」と言っているわけです。

　さぁ、二人は band を結成することになるのでしょうか。

＊＊＊

dream of 〜

　季節は秋です。Mr. Putter は愛猫の Tabby と自宅の庭を歩いています。庭で、juicy な apples, tomatoes, pears が育っているのを見つけます。

Mr. Putter & Tabby Pick the Pears

著者：Cynthia Rylant
出版社：Houghton Mifflin Harcourt

Mr. Putter walked with his fine cat, Tabby, among the juicy things, and he dreamed. He dreamed of apple pie and apple turnovers. He dreamed of hot apple cider with cinnamon stick, and stuffed

red tomatoes.

dream は動詞で「(睡眠中に)［…の］夢を見る」「…を［…することを］夢見る、夢に描く」という意味で、dream of (または about) 〜という形でよく使われます。

> 例文
> ・Young people like to dream of their future.（若者は将来を夢想するのが好きだ）
> ・I dreamed of becoming an artist.（私は芸術家になることを夢見ていた）

apple turnover(s) とありますが、turnover は「(パイ皮に詰め物をして) 折り重ねたパイ」(a small fruit pie) のことです。

Mr. Putter は、apple を使った食べ物や飲み物をいろいろ想像するのですが、この後、**But most of all, he dreamed of pear jelly.** とあります。most of all は「とりわけ」「何よりも」という意味で、よく使われます。彼は、子どもの頃から pear jelly が大好きだったのです。そこで彼は、Tabby に、**"it is time to pick pears"** と言います。彼は高い木の上になっている pear を摘み取るため、ladder を持って庭に出ます。

さて、ladder を登ろうか、という段階になり、彼は急に登れないことに気づきます。去年はできたことなのに、今年はなぜできないのか。**But this year he had cranky legs. Cranky legs, cranky knees, cranky feet.**

そして、この後、次のように続きます。**"One trouble with**

being old," said Mr. Putter, "is being cranky."

そしてそんな Mr. Putter を見ていた Tabby も cranky tail を持っているので、**Tabby knew what he[Mr. Putter]meant.** となるわけです。歳を重ねると、体のさまざまな部分が cranky になってくるわけですが、二人（Mr. Putter と Tabby）はお互いに歳を重ね、お互いの身体の状態もよく理解できるわけですね。

しかし、Mr. Putter はあきらめません。子どもの頃によく遊んだ slingshots のことをふと思い出します。slingshot(s) というのは「ゴムぱちんこ［銃］」のことです。手作りの slingshot を使い、庭に落ちていた apple を「弾」にして、pear を撃ち落とそうというわけです。

形容詞、副詞としての sound

彼は、slingshot を pear に向け撃ち始めますが、だんだん楽しくなってきた（子ども時代を思い出した？）のか、pear を撃ち落とすことはすっかり忘れ、slingshot 遊びに夢中になります。これを見ていた Tabby は、最初は興味深く眺めていましたが、そのうち、**she began to yawn、she began to nod** で、最終的には、**she was sound asleep** ということになります。

sound は、名詞としては「音」という意味がすぐに思い浮かぶと思いますが、形容詞としてもさまざまな意味を持ちます。その1つに「＜睡眠が＞深い、十分な」「＜人が＞（眠りの）深い」という意味があります。本文では、sound asleep となっており、この sound は副詞です。sound asleep で「ぐっすり眠って」という意味になり、よく使われます。

例文

・I had a sound sleep last night.（昨夜はぐっすり眠った）

・My brother is a sound sleeper.（兄は熟睡するタイプの人だ）

sound sleeper = someone who always sleeps well

・The baby fell sound asleep.（その赤ちゃんはぐっすりと眠り込んだ）

さて、Mr. Putter の pear picking は上手くいくのでしょうか。

07 | 表紙の裏におりこまれている絵辞典も読書の友に

　Young ELI Readers という GR のシリーズから2冊紹介します。全ての本に CD が付いています。難易度は Stage 1 から4までの4段階に分かれています。カラフルでほのぼのとしたイラストも多くの多読実践者たちの間で好評です。

There is［are］〜：〜がある（いる）

　Granny Fixit は 魔 法 の yellow bag を常に身につけています。

　ここからいろいろなものを取り出すことができます（ドラえもんの四次元ポケットみたいなものです）。ある晴れた日に、公園で遊んでいる子どもたちがいます。

「〜がある（いる）」を表す時、There is［are］〜. を使います。「〜」が単数形の時は is、複数形の時は are にな

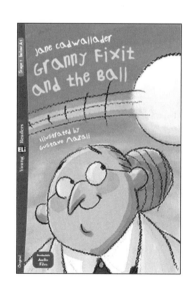

Granny Fixit and the Ball
———
著者：Jane Cadwallader
出版社：ELI

ります。それぞれ過去形は was, were です。

There are some children playing in the park.（p.2）

There's Granny Fixit!（p.3）

There are a lot of cars and lorries and motorbikes and buses!（p.12）

> 例文
> ・There was a big traffic jam on the bridge.（橋の上はひどい交通渋滞だった）
> ・There is ［There's］ a lot of work to do today.（今日はする仕事がたくさんある）

　子どもたちは公園で思い思いの遊びに興じています。

　Paul が蹴り上げたボールが木の中に入ってしまい、落ちてきません（**The ball is in the tree… now it's time for lunch**）。

　子どもたちはランチのため、そのまま公園を去ります。それを見た Granny Fixit は、魔法の yellow bag の中から長い梯子を取り出し、ボールを木から地面へ降ろすのですが、ボールはジッとしていません。ボールが勝手に街に繰り出してしまいます。そのボールを追いかけ、Granny Fixit は奮闘します。最終的にはボールは Paul のもとに戻ることができるのでしょうか。

＊＊＊

Would you like to ～? 「～しませんか」

　ある授業で adventure story を書くという宿題を出されます。Ahmed は Jill に、**"Would you like to work with me?"** と尋ねます（p.3）。

　Would you like to ～? は「～したいですか」という意味もありますが、会話では「～しませんか」と相手の意志を尋ねたり、ものをすすめる時によく用いられます。日常的にも、改まった場面でも使えます。

　例文

　・I'm going shopping. Would you like to come with me?（私、買い物に行くわ。あなたも一緒に来る？）

　・Would you like to join us for lunch?（昼食を一緒にいかがですか）

　そして Jill と Ahmed は図書館に向かいます。図書館の受付係の女性が、**The woman is pointing to the adventure books.**（p.4）

　point to ～ は「～を指さ

Granny Fixit and the Pirate
————

著者：Jane Cadwallader
出版社：ELI

す、指し示す」という意味です。その方向を見ると、Granny Fixit がいました。彼女の魔法の yellow bag から、何と big yellow adventure book が出てきます。彼女は本棚にその本を置き、Jill と Ahmed がその本を開くと、そこには海が広がっていて、pirate boat が浮かんでいます。

　Jill たちはその本の中に引き込まれていきます。Jill たちは、Pirate Bill に出会います。彼は pirate であるのに、pirate hat も、parrot も、box with treasure もないのだ、と Jill たちに打ち明けます。

　実はここにも Granny Fixit がいて、この話を聞いていました。彼女の魔法のカバンから parrot が出てきました。

The parrot is pointing to an island.（p.10）

　ここにも point to 〜 が登場します。parrot が指す方向に treasure island らしきものが見えます。

　こうして Jill、Ahmed、そして Pirate Bill の宝探しの旅が始まります。

08 | コーヒーをいれる、右に曲がる…日常の動作を英語で言えますか？

　Cambridge Discovery Readers シリーズから 2 冊紹介します。書き下ろしのフィクション、おなじみのストーリー、ノンフィクションが豊富にそろっており、難易度は、Starter から Advanced まで、7 段階に分かれています。カラーのイラストがストーリーの理解を促してくれます。今回紹介する 2 冊は Starter です。なお、本書 p.76 において、同シリーズの Level 1 から 2 冊紹介していますので、ここで紹介する 2 冊がスラスラ読めるようでしたら、p.76 で紹介している 2 冊にもぜひ挑戦してみてください。

　Jamie 少年は誕生日を迎えますが、家族はみんな忙しく、一緒に誕生日を過ごしてくれる人がいません。彼は友達の Blake が公園でサッカーをしていることを Blake のお母さんから聞き、公園に向かいます。

　公園に行くと、Jamie を

Gone!

著者：Margaret Johnson
出版社：Cambridge University Press

見た Blake が "Happy birthday! " と声をかけてくれますが、Blake はすぐにサッカーに戻ってしまいます。また独りになった Jamie は、公園のベンチの下にデジタルカメラを見つけます。誰かの忘れ物でしょうか。そのカメラで写真を撮ってみます。そして DELETE button を押すと写真データは消去されるのですが、何と、写真だけでなく被写体（実物）まで消えてなくなってしまったのです。彼はこの不思議なカメラを持ち帰ります。

make coffee「コーヒーをいれる」

When Jamie gets home, his father is making coffee.（p.30）

「コーヒーをいれる」は英語で make coffee といいます。「お茶をいれる」も同様に make tea となります。

> 例文
> ・I made myself a cup of coffee.（自分でコーヒーを 1 杯いれた）

ちなみに、「濃い［薄い］コーヒー」は英語で strong［weak］coffee といいます。

家でも Jamie はこの不思議なカメラでいろいろなものを撮ります。
そして姉 Angie がこのカメラを見つけてしまい、Jamie の必死の制止を振り切って、とんでもないことをしてしまいます…。

***

「右（左）に曲がる」の表現

　Andy と Kim は双子の兄妹で、13 歳の誕生日を迎えました。二人は両親と共に、休暇で California の vacation house に来ています。プレゼントとしてカメラをもらった Kim は早速写真を撮りたくなり、一家は beach に向かいます。その日の夕食は海辺のレストランで。しかし Kim はまた beach に行きたくなり、食事を早く終えると兄 Andy を誘って出かけます。beach で二人は一人の男とボートを目にします。

The man is taking boxes off the boat and putting them into a white car.(p.15)

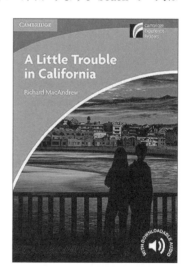

A Little Trouble in California
———
著者：Richard MacAndrew
出版社：Cambridge University Press

　しばらくそこで写真を撮っていると、その男が Kim を見て近づいてきて、「俺を撮っていたんだろ？」と言います。Kim は「海岸を撮っていただけです」と答えますが、男は怒っている様子なので、Kim と Andy は逃げ出

します。帰宅し、カメラを確認すると、さっきの男が写っていました。

　次の日、Andy は Kim と再び beach に出かけます。そこで、昨日出会った怪しい男が、白い車で走っていくのを見かけます。

The car drives away and turns right. / They［Andy and Kim］run up the street and turn left.（p.27）

「右［左］に曲がる」は turn right［left］と言います。道を案内する時や、タクシーに乗っている時に運転手に方向を伝える際に使えますね。turn to the right［left］とも言います。

> 例文
> ・Turn right at the bank.（銀行のところで右に曲がりなさい）

　この後、Kim の強い好奇心が災いし、二人はどんどん危険な状況に陥っていきます。

09 | 現在形のみで書かれる 物語でも充分楽しめる

　Cambridge English Readers から 4 冊紹介します。現在形のみで書かれている Starter から、Level 6 までの 7 段階にレベル分けされており、全タイトルがオリジナル書き下ろしになっています。Level 1 までは中高生向けの話題が多く、Level 2 以降になるとスリラー、サスペンス、恋愛もの等、ジャンルが広がります。巻頭に人物紹介があり、裏表紙には使用されている英語の種類（British English、American English 等）と語数が表示されています。また、ストーリーの概要も裏表紙に数行で示されているので、本を選ぶ際の参考にするといいでしょう。今回紹介する 4 冊は、Starter からです。

Big Hair Day

Margaret Johnson 著
出版社：Cambridge University Press
総語数：2,071 語

　London の cafe で働いている Sophia Reynolds は、憧れのスター Fabio Facelli の映

画にエキストラ出演することが決まり、Norwich にやってきました。この地に 6 日間滞在する予定です。

　最初の 2 ページに "be going to 〜" を使った文がたくさん登場します。

　I'm going to be in a film with Fabio Facelli! 〔…〕 **And now I'm going to be in a film with him!**（p.6）

　OK, it isn't just Fabio and me in the film.　There are going to be lots of people. And I'm an 'extra'. I'm not going to speak, but I'm going to be in the film.　With Fabio Facelli!（p.7）

「未来」を表す will と be going to 〜の違いについて、『英文法解説』には「be going to は発話の時点よりも前から（あらかじめ）考えていた意図を表し、will はその場の状況に応じた意図を表す」（p.222）という説明があります。ここで使われている be going to 〜は、この説明どおり、前から（あらかじめ）考えていた意図、決まっていたこと、を表しています。

have got = have（〜を持っている）

　Sophia は、指定された集合時間までまだ間があるので、まずは宿泊先のホテルに向かいます。その道中で見知らぬ女性に道を尋ねられます。Sophia は、**'I don't know Norwich, but I've got a map'**（p.8）と答えます。ここで使われている have［has］

got は「〜を持っている」（=have）という意味で、通例「短縮形」で用いられます（例：I've got 〜 . / She's got 〜 .）。主にイギリスでよく使われます。疑問文は、Have you got 〜 ?（= Do you have 〜 ?）となります。このストーリーの中に何回もこの have got が登場します。Sophia が広げた地図が風で飛ばされてしまい、それを拾っている間に、道を尋ねてきた女性が間違って Sophia の bag を持って行ってしまったのでした。その時、Sophia は、**'This isn't my bag! Oh no, she's got my bag!'**（p.10）と言います。そして、police station で Sophia は、**'That bag's got all my things in it!'**（p.13）と policeman に伝えます。

　Sophia は、女性が置いていった bag を policeman に渡します。

He takes the bag from me and opens it. 'There's no name in here,' he says. 'We don't know how to find the woman.'（p.15）

　この段階ではもうどうすることもできないので、とりあえず Sophia と policeman は電話番号を交換し、Sophia は police station を後にします。映画の撮影現場に向かって歩き出すのですが、道中で迷子の子どもや、二人の男が喧嘩をしている現場に遭遇したり…その度に police station に駆け込む Sophia。

　何とか撮影現場に辿り着き、エキストラとして撮影に臨むべく、髪型をセットします。ここでタイトルの Big Hair Day と繋がってくるのですが（p.24）、その繋がりはぜひ直接お読みになってみてください。

　休憩時間になり、Sophia が携帯電話を見ると、例の policeman

からメールが入っていました。

… **I've got a text from him. He's got my bag!**（p.27）

　text は e-mail とは違い、携帯電話でやり取りするメール（text message）のことです。「携帯でメールを送る［受け取る］」は、send［get / receive］a text と言います。text は動詞としても使うことができます。「家に着いたらメールしてね」と言いたければ、Text me when you get home. と言えばいいですし、最近では、別れ際に See you later! と言う代わりに、Text you later!（またメールするね）というふうにも言うようになってきています。

　さて、無事に Sophia は自分の bag を取り戻し、police station で保管されている bag はあの女性のもとに戻ることになるのでしょうか。そして Sophia のエキストラの仕事も上手く展開するのでしょうか。

＊＊＊

疑問詞 + 不定詞

　両親を亡くした 17 歳の少年 David は、大量の本に囲まれ、猫の Socrates と共に、両親が住んでいた家に暮らしています。彼は毎日本を読み、自分も本を書きたいと思い PC（laptop）に向かうのですが、なかなか上手く書けずにいます。

　買い物のために外出した David は、道端で寝ている少女を見

かけます。少女は David に、'**Have you got a pound?**'（p.9）と話しかけてきました。少女は寒がっていて、お腹を空かしているようだったので、彼は今買ったばかりのピザを分けてあげることにしました。二人は道端に座り、ピザを食べながら会話を始めます。彼女の名前は Ella といい、自分のことはあまり語ろうとしないのですが、'**My father's in prison**'（p.11）と打ち明けます。暖かい日であるにもかかわらず彼女は寒そうで、疲れてもいる様子だったので、David は彼女を自分の家に誘います。

I want to ask Ella a lot of questions, but I don't know where to start.（p.12）

where to ～で「どこで～したらよい（すべき）か」という意味になります。上の文は「Ella に尋ねたいことがたくさんあるが、どこから始めていいかわからない」という意味になります。疑問詞 + 不定詞（to + 動詞の原形）で、疑問詞の意味に「～すべきか」という意味が加わった表現になります。例：how to use（どうやって使うべきか→使い方）／ what to do（何をすべきか）／ which to

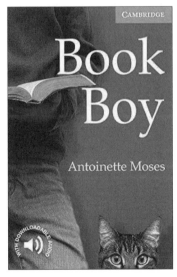

Book Boy
——
Antoinette Moses 著
出版社：Cambridge University Press

choose（どちらを選ぶべきか）／ where to go（どこへ行くべき
か）

> 例文
> ・Could you tell me where to buy the ticket?（切符をどこで
> 買えばいいのか教えていただけますか）

　少しずつ打ち解けていき、Ella は自分のことを語り始めます。
思いがけず Ella との生活が始まりますが、2 週間ほど経ち、Ella
の様子に変化が表れ始めます。ある日、David が外出先から帰宅
すると、Ella の姿が見当たりません。そして David の laptop も
なくなっています。Ella と laptop はどこへ行ってしまったので
しょうか。

　この本を読んでいて私が気づいたことの1つに、house と
home の違い（使い分け）があります。この2語が物語の中に
頻繁に出てくるのです。日本語に訳せば両方とも「家」になり
ますが、微妙な意味の違いがあります。英和辞書には、「一般に
house が建物を意味するのに対して home は建物に加え家庭の暮
らしの場としての意を含むが、house の意でも用いる」とありま
す（［ウィズダム］）。また別の辞書には「home は家庭生活の中
心となる場所だが、売買される house の意味にも用いる」とあ
ります（［ジーニアス］）。

　さらにまた別の英和辞書には次のような説明がありました。

　通常 house は家という「建物」を表すので、「家で［に］」とい
う時は in the house のように in を用いる。一方、home は家

とそこに住む家族、そしてそこからかもし出される雰囲気まで表すので、「…の中」という意味の in ではなく、抽象的な位置関係を表す at を用いて at home とする。([フェイバリット])

このように、辞書を読み比べてみるのは大変勉強になります。

同じ「家」でも house は主に「建物」、home は（主にアメリカでは建物を意味する house の意味で使うこともあるが、どちらかというと）「家庭」に意味の重きが置かれているのです。

そう考えると、確かに homestay とは言いますが housestay とは言わないですし、家や故郷を恋しく思うこと（形容詞）を homesick とは言いますが housesick とは言わないですね。「我が家にまさるところなし」という諺（John Howard Payne の *Home, Sweet Home* の一節）がありますが、これを英語では There's no place like home. と言い、house ではないわけです。また、「男は家屋をつくり、女は家庭をつくる」という諺もあり、英語では Men make houses, women make homes. と言います。「幸せな家庭」はもちろん a happy home であり、a happy house とは言いません。「一家団欒の楽しみ」は the joys of home です。

さて、話を Book Boy に戻しますと、最初に主人公の David が自分の家を紹介する描写がありますが、このようになっています。

This is my house.

Well, no, it isn't. It's my mother and father's house, but they're dead.（p.6 〜 7）

「家庭」としての「家」ではなく（両親は亡くなっているので）、「建物」としての「家」、つまり house として淡々としたトーンで紹介しているわけです。

　道端で寝ていた少女 Ella に、**'My house is near here'**（p.11）と言って彼女を家に誘う David。Ella は David に、**'You live in a house. I live on the street. The street is bad.'**（p.14）と言います。しかし、street で生活することがどういうことであるかがわかっていない様子の David に対し、Ella はさらにこう言います。

'People walk on and people go home. But on the street there's no home. There's only the street, and it's England and it's cold. It's always cold on the street. And you can't sleep.'
（p.15）

　ここで Ella が on the street there's no home と言っているのは、路上には「建物」としての house はあるかもしれませんが、home（家庭）はないのだ、ということでしょう。

　そして、先述のとおり、忽然と Ella は姿を消すのですが、David は飼い猫の Socrates に、**'I'm going to find Ella'** **'She needs a home.'** と言っています（p.20）。Ella に必要なのは house というよりも home なのです。

　本文の中に、他にもたくさん home と house が登場します。home と house の意味の違いを意識しながら読んでいくと、登場人物の感情や気持ち（の移り変わりなど）がより鮮明に見えてくるでしょう。

***

do + 命令文

Oxford police の Inspector Frank Williams は、Dr Janet Leighton が自宅で何者かによって殺害されたという報告を受け、現場に向かいます。Dr Leighton は Leighton Clinic の院長で、その clinic で働いていた医師 Barbara Collins が最近解雇されたというニュースが Oxford Post 紙で取り上げられました。

Dr Collins は Oxford Post 紙上で連載を執筆していたのでしょうか（本文では、'**I write for the Oxford Post …**' となっているので、具体的な内容はわかりませんが）、知名度があったので、そのことに Dr Leighton は嫉妬し、自分を解雇したのではないかと Dr Collins は考えます。さらに、Dr Collins は自分が解雇されることを Oxford Post の記事を読んで初めて知ったので（Leighton 院長からは直接聞いていない）、彼女の怒りは倍増します。Dr

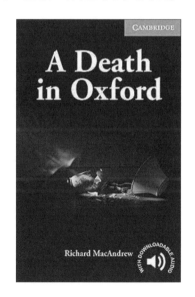

A Death in Oxford

著者：Richard MacAndrew
出版社：Cambridge University Press

Collins も Dr Leighton 殺害事件の容疑者として目を付けられる
のも無理はないでしょう。しかし他にも容疑を向けられる人たち
が存在します。Dr Leighton の夫と息子です。実は、彼女は自分
の遺言書の内容を修正したい、と弁護士（Elizabeth Morgan）
のもとを訪れていたのです。

'Do sit down, Dr Leighton,' says Elizabeth Morgan. (p.16)

「命令文」は、動詞の原形で始めますが、その前に do を置くの
は「強調」の用法で、「積極的な勧誘」を表すことができ、「話者
の好意に対して相手がちゅうちょを示しているときによく使われ
る」のです（江川泰一郎『英文法解説』p.461）。

> 例文
> ・Do come again next summer. （来年の夏もぜひまたお越し
> ください）
> ・Do have some more soup. （スープのおかわりをぜひどうぞ）

Dr Leighton は Morgan 弁護士にこう伝えます。

**'I want to change my will. I don't want to leave any of my
money to my son or my husband.'** (p.16)

　この遺言書の内容修正は、Dr Leighton の夫と息子を怒らせ
ることになります。この後に Dr Leighton は殺害されるわけで
す。犯人は夫、息子、Dr Collins、あるいはまったく別の人なの

でしょうか。

* * *

put on と wear

England の都会の喧騒から、豊かな自然に恵まれた Canada の Murray に転居した Joe と Sandy 夫妻。せっかく静かで穏やかな新生活を始めることができたと思っていた矢先、突然家の近くで工事が始まりました。Joe が工事現場に行ってみると、そこには PAN GLOBAL という看板が立っています。そこで作業をしている男が、そこは鉱山（mine）で、たくさん diamond が埋まっているのだと教えてくれました。美しい木々が次々に伐採され、地面には大きな穴が開けられていき、大きな騒音に住民は悩まされます。新聞社に勤める Joe は、この問題について取材し、記事を書く決心をします。しかし Joe のボス Grady はやたらに Joe に執筆を諦めさせようとします。ここで何となく怪しい空気を感じ取る

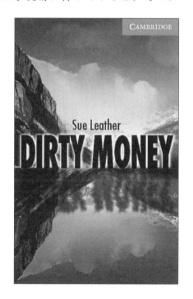

Dirty Money
———
著者：Sue Leather
出版社：Cambridge University Press

ことができます。それでも Joe は諦めません。早朝３時に起きた Joe は、mine に出かける準備をします。

Joe puts on his clothes.（p.16）

put on は「＜服など＞を身につける」という意味でよく使われます。wear にも同じような意味がありますが、これらはどう違うのでしょうか。put on は、「（これから）〜を身につける」という「動作」を表し、wear は「（すでに）〜を身につけている」という「状態」を表します。この後、Joe は、ボスの Grady が何かを知っている（隠している）のではないかと怪しみ、毎晩、車の中から Grady の家を見張るのですが、その車の中での Joe の格好は、**He wears a baseball cap and a false moustache.**（p.25）となっています。洋服以外にも、moustache のようなものを put on や wear の目的語にすることができることもわかります。put on one's glasses［hat, coat, shoes, ring, eye shadow, lipstick, makeup, perfume］（めがねをかける［帽子をかぶる、コートを着る、靴を履く、指輪をはめる、アイシャドーをつける、口紅をつける、化粧をする、香水をつける]) 等、「身につけるもの」全般にわたって使えます（wear についても同様）ので、知っておくと便利です。

Joe の執念の取材により、mine に diamond が埋まっているというのも、どうも違うのではないか（他のものが埋められている）ということが明らかになってきます。Grady も怪しい人物に思えてきます。そして Pan Global なるものの正体は？

Column 2
中学高校の英語を復習しましょう

　社会人で英語読書を始めようと思っている方は、中学高校英語の復習をサッとやってしまう、またはやりながら英語読書したほうが、より読書が楽しめると思います。

　学校英語の復習のための良書はたくさんありますが、私は中学高校の検定教科書の「教科書ガイド」を使ったらいいのではないかと思います。本文の全訳や、その課でポイントとなる文法や構文、重要語句の解説が載っていて、CD 付のものも増えています。

　これを中学高校6年分そろえるのが大変だという方には、國弘正雄・他著『英会話・ぜったい・音読』（講談社インターナショナル）をおすすめします。

　これは検定教科書から文章（会話体ではなく「読み物」です）を集めたもので、入門編（中学1,2年）、標準編（中学3年）、挑戦編（高校1年）に分かれています。朗読CDも付いています。

　私は社会人対象の「やり直し英語」講座の講師をした際に、これを教科書として使いました。受講者の方々から「少しずつ中学高校で習った英語を思い出すことができた」「中学高校の英語でこれだけさまざまな（そして深い）ことを表現できることを再認識した」という感想をいただきました。

10 | 「マッチ売りの少女」の retold 版で楽しく学ぶ

　Oxford Dominoes シリーズから 2 冊紹介します。難易度は、やさしい順に Starter と Quick Starter（この 2 つは同じ難易度）から始まり、Stage 3 までの 4 段階に分かれています。Quick Starter は、Starter に比べて半分くらいの長さになります。フルカラーの綺麗なイラストがストーリー理解の手助けになります。

朗読 CD 付のものと、CD なしのものが選べるようになっています。今回紹介する 2 冊は Quick Starter です。

同じ名詞を繰り返す
代わりの one

　アンデルセンの童話「マッチ売りの少女」の retold 版です。Anne Marie という名の少女が、両親からマッチを売りに出かけるよう命じられます。彼女の家は貧しく、両親は冷酷。ちゃんとマッチを売ってお金を家に持って帰ら

Little Match Girl

著者：Hans Christian Andersen
（text adaptation by Bill Bowler）
出版社：Oxford University Press

ないと父親から酷い体罰を受けるのです。少女は街頭でマッチを売りますが、買ってくれる人は誰もいません。時は大晦日の夜。雪が降ってきました。少女は温まろうとしてマッチに火を点けました。すると不思議なことにマッチの炎と共に、温かい stove や美味しそうな roast goose の幻影が次々に現れます。

Now she is sitting under the most beautiful Christmas tree. It is bigger and nicer than the one in the window of the old merchant's home last Christmas. (p.16)

英文の中の 'one' は、前に出てきた名詞（数えられる名詞に限る）をくり返す代わりの代用語で、ここでは Christmas tree を指します。複数形の名詞の代わりの代用語は ones です。

例文
・My watch has broken, so I need to buy a new one. （腕時計が壊れたので、新しいのを買わないと）
one = watch
・"Which sneakers do you want?" "I want the blue ones."
「どのスニーカーが欲しい？」「青いのだね」
ones = sneakers

少女が空を見上げると、そこには流れ星が。少女は、優しかった亡き祖母の言葉をふと思い出します。

'When a star falls, a soul is going up to God.' (p.18)

　そしてまたマッチを擦ると、何とお祖母さんが現れます。これまで、炎が消えると同時に幻影も消えていく体験をした彼女は、お祖母さんがいなくならないように一生懸命マッチを擦り続けます。

＊＊＊

妊娠や出産に関わる表現

　このストーリーは、オリジナル作品で、設定は現代のイギリスになっています。両親と共に Nottingham に暮らす Al Brown は音楽好きな少年で、友達とバンドを組んでいます。ある朝、妊娠中の Al の母（Mrs Brown）が、体調が優れず、赤ちゃんが生まれそうだと言います。

'But it's six weeks early!'
Mr Brown cries.（p.4）

　予定日まではまだ 6 週間もあるのですね。しかし、病院へ連れて行ってほしいと懇願する Mrs Brown。この本の最初の方に妊娠や出産に関わる表現がいくつか登場します

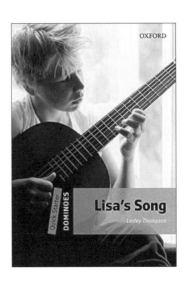

Lisa's Song
———
著者：Lesley Thompson
出版社：Oxford University Press

ので、覚えておくといいと思います。

Mrs Brown is expecting a baby.（p.1）

expect には（通常進行形にして）「＜女性が＞＜子ども＞を身ごもっている」「＜夫婦に＞＜子ども＞が生まれる予定である」という意味があります。決まった表現なので、a baby は省略して She is expecting. とだけ言うことも多いです。

The baby is coming.（p.4）／ Lisa arrives.（p.4）

come、arrive には「＜子どもが＞生まれる」（be born）という意味があります。Lisa は赤ちゃん（Al の妹）の名前です。

Lisa が生まれて、両親はてんてこ舞いの日々を送ることに。Al は家事を手伝うことになり、忙しくてバンドの練習に行けなくなり、バンドとは疎遠になってしまいます。そんなある日、Lisa の心臓に問題があることがわかり、両親は手術のために Lisa をアメリカに連れて行かなければならなくなります。そのためには莫大な費用が必要ですが、両親にはそんな経済的余裕がありません。頭を抱える Al に、祖父 Jack はある提案をします。

'…Tell your friends in the band. Write a song for Lisa.'（p.14）

バンドと疎遠になってしまった Al はこの後どのような行動をとるのでしょうか。

11 | 高校・大学生におすすめ の GR シリーズ

Cengage Learning が刊行している Page Turners という GR シリーズから 2 冊紹介します。監修は Rob Waring 氏。氏は日本の大学で教鞭をとり、日本の英語学習者を熟知し、自身も数々の GR を執筆しています。基本 200 語で書かれている Level 1 から、基本 2,600 語の Level 12 まで細かく難易度レベル分けされています。アクション、ロマンス、スリラー、犯罪、ミステリー、ヒューマンドラマ…さまざまなジャンルが揃っており、全篇書き下ろしです。特に高校生、大学生におすすめのシリーズです。

Roommates

著者：Sue Leather
出版社：Cengage Learning
総語数：4,217 語

感嘆文

Bobby は、Brenton College に入学し、故郷を離れて初めての寮生活を始めようとしています。Bobby の母は初めて我が子と離れて暮らす寂しさから、ずっと

Bobby を hug したまま、なかなか彼を離そうとしません。

　Bobby は親元を離れる不安よりも、これから始まる大学生活について心配しているようですが（**Most of all, Bobby's worried about his roommate. I hope he's nice, he thinks.**（p.4））、30分後に、ようやく両親に見送られながら、Bobby は自分で車を運転し、Brenton に向かいます。

　Brenton に近づいてきた頃、Bobby は自分の車の背後にバイクがいる、しかもすごいスピードで走っているのに気づきます。そのバイクは彼の車の真後ろくらいに近づいたかと思うと、次の瞬間には彼の車を追い越して、真ん前に出てきたものですから、彼は車を停め、バイクを運転している男に向かって、"Hey!" と呼び掛けます。しかしバイクはそのまま行ってしまいます。

　What a crazy man! he thinks.（p.9）

　これは「感嘆文」と呼ばれるもので、形容詞（ここでは crazy）や副詞の意味を強調し、驚き、怒り、悲しみ等の強い感情を表す時に使います。「What + a/an + 形容詞 + 名詞 + 主語 + 動詞 !」という語順になります。先ほどの文は、What a crazy man he is! を短くしたもので、このように最後の「主語 + 動詞」の部分は、文脈から明らかな場合には省略されることもあります。

> 例文
> ・What a lovely house you have !（あなたはなんて素敵な家に住んでいるのでしょう）
> ・What a boring lecture it was !（なんて退屈な講義だったん

‖ だろう）

　さて、このバイクの男こそが、実は Bobby の roommate だったのです。しかしこの路上での一件はほんの「序章」であり、ここからさらに大変な状況が彼らを待ち受けています。この後に紹介する *It's Just a Cat* にもこの二人は登場しますが、このシリーズでは複数の本で共通の人物が登場します。

＊＊＊

trouble を使った表現

　先ほど紹介した Roommates の登場人物 Bobby と Ash がここでも中心人物になっています。大学寮の同室で暮らす二人ですが、ある日、Ash が外で子猫を拾い、部屋に持って帰ります。寮では動物の飼育は禁止されています。Bobby は Ash に、子猫を外に出すよう言います。

It's Just a Cat
——
著者：Julian Thomlinson
出版社：Cengage Learning

"You need to get him out of here. You know nobody can have animals in here.

We'll be in trouble."（p.5）

　be in trouble で「困った（困難な）状況にいる」という意味になります。ここでは We'll be in trouble. なので「俺たち、大変なことになるぜ」というような意味です。

Bobby doesn't like having a cat in the room. He doesn't like it going to the toilet on his bed. He doesn't like it sleeping on his bed. Most of all, he doesn't like the trouble they'll be in if Pete finds out.（p.9）

　the toilet on his bed というのはどういうことかと言いますと、Ash が Bobby のベッドの上に勝手に子猫用の toilet を設置したということなのです。

　そして子猫が寝る場所も Bobby のベッドの上です。これはいかにも Ash らしいやり方だということがわかります（先に紹介した Roommates を読んでもらえれば、Ash の人となりがよくわかると思います）。the trouble they'll be in の they は Ash と Bobby のことです。「二人が遭遇することになるであろう大変な状況」ということになります。Pete は彼らの寮の manager です。

　Ash はどうしてもこの子猫を部屋で飼いたいと考え、Pete にばれないよう画策するのですが、とうとうばれてしまうのでした。Pete がこう言います。

"You're breaking the rules and you'll get me in trouble."
（p.18）

　get into trouble で「厄介なことになる、問題を起こす、警察沙汰になる」という意味になりますが、get + 人 + in trouble で「＜人＞をごたごたに巻き込む」という意味になります。

> 例文
> ・I'm in big [deep] trouble.（大変なことになってしまった）
> ・My brother is financially in trouble.（兄はお金に困っている）
> ・When you are down or in trouble, listen to this song.（落ち込んだり大変な状況にある時に、この歌を聞いてください）[NC3]
> ・Don't say anything that will get you in trouble.（問題になるようなことは言うな）

　どうも Ash は troublemaker のようですね。しかし最後には、Ash の意外な一面も見えてきます。また、タイトルの It's Just a Cat（それはただの猫に過ぎない）というのはどういう意味を持っているのか、これも読み進めていくうちに見えてきます。

Column 3
英英辞典を使ってみよう

「英英辞典を使ってみたいのですが、何かおすすめのものはあります か?」という質問をよくいただきます。そこで今回は、英英辞典「入 門」として私がおすすめする2冊を紹介します。*Oxford Student's Dictionary*（以下SDと表記）と、*Oxford Basic American Dictionary* （以下ADと表記）です。両者ともCD-ROMが付いており、私はPC にインストールして、PC上でも使っています。

　両者の共通点は、やさしい（シンプルな）英語が使われていることです。 収録語のうち、知っておくべき基本語（SDは3,000語、ADは2,000 語）には鍵（key）のマークが付いています。これらは日本の中学高校 でも学びますし、本書で紹介している児童書や日常生活でもよく使われ ている語なので、まずはこれらの語を覚えるのを目標にしてみてもいい でしょう。collocationやthesaurusの説明もわかりやすく、充実して います。academicな語には、SDは「AW」、ADは「AWL」というマー クを付けており、両者ともそれらの語を一覧表として別頁にまとめてい ます。語の理解を助けてくれる図やイラストも効果的に掲載されていま す(ADはカラフルです)。SDは "for learners using English to study other subjects"、ADは、"for learners of English" で、両者とも 英語学習者のための辞書ですが、SDのほうは、英語を手段として他の 科目を勉強する人のために、academicなコラムやIELTS、TOEFL等 を受験する際にも有用な情報も掲載しています。単語を調べるための ものであると同時に、英語学習参考書の役割も果たしており、ぜひ手 元に置いてゆっくり読むことをおすすめします。

---

12 | 知らない語に遭遇しても とりあえず読み進める

　Cambridge Discovery Readers から 2 冊紹介します（本書、p.49 でも紹介しています）。難易度は Starter から Level 6 までの 7 段階に分かれています。ここで紹介する 2 冊は Level 1 に属します。ティーンエイジャーが主人公であるオリジナル作品が主ですが、ノンフィクションや文学作品の retold 版も数冊入っています。カラフルなイラストがストーリーの理解の手助けになります。

場所を表す副詞句と倒置

　修学旅行で Dublin にやって来た双子の Andy と Kim。

Andy and Kim were in the city of Dublin in Ireland. Actually, they were in Trinity College in Dublin, and in front of them was the Book of Kells, 680 pages of words

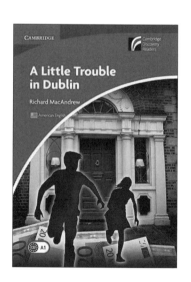

A Little Trouble in Dublin

著者：Richard MacAndrew
出版社：Cambridge University Press
総語数：4,312 語

and pictures, and over a thousand years old.（p.6）

　今、Andy と Kim は the Book of Kells が展示されている showcase の前に立っています。

　場所を表す副詞句が文頭に置かれると、その後は倒置が起こることがあります。つまり主語（S）と動詞（V）の位置が逆になります。これはやや文語的であると言われますが、物語文においてはよく見られます。これを本来の SV の語順にすると、The Book of Kells, 680 pages of words and pictures, and over a thousand years old, was in front of them. となります。これだと S がとても長くなり、V（was）との距離が大きくなってしまいます。倒置を使えばこの点も解決しますので、S にいろいろ修飾語句を付け加えることができます。そして、倒置により、読者は S の登場を楽しみに待つことができるわけです。先に S を言ってしまう代わりに、読者に S を期待（予想）させる効果もあるでしょう。

　ちなみに the Book of Kells は 8 世紀に制作された聖書の手写本で、Trinity College に所蔵されています。

　Kim は展示場に併設されている shop に行き、そこで T-shirt を買うことにしました。レジの前の列に並ぶと、**In front of her was a big man with a green Ireland soccer shirt.**（p.6）

　ここでも「場所を表す副詞句＋倒置」が見られます。その男の会計が終わり、Kim の順番が来て、彼女は現金で支払いをし、Andy と一緒に外に出ます。ice cream shop を見つけた二人は、そこに入り、ice cream を注文します。Kim は店員に 20-euro bill を渡すのですが、店員はその bill を裏表じっくり見て、

受け取りを拒否します。店員いわく、**"It's not real money. It's forged."**（p.9）　そして店員は本物の 20-euro bill を出してきて、Kim が渡した bill と並べて、説明してくれました。Kim が持っていたのは forged money だったのです。Kim と Andy は、その forged bill のことを修学旅行の引率者 Miss O'Brien に報告します。Miss O'Brien は Kim に新しい 20-euro bill を渡し、**"You have this. I can call the police."**（p.13）と言います。Kim はその後もずっと forged bill のことを考えていました。そして、**Trinity College shop、man with a green Ireland soccer shirt…** あの男が 20-euro bill を salesperson に渡したことを思い出した Kim は、forged bill はあの男が持ち込んだものだと確信します。Kim はあの男を探し出したいと考えます。

　二人は宿泊しているホテルのレストランに向かいますが、Kim はレストランの近くまで来ると、立ち止まります。

At the front of the hotel was a fat man in a green shirt.（p.14）

　これも「場所を表す副詞句＋倒置」になっています。二人はこの男を尾行し始めます。この男は本当に forged bill と関わりがあるのでしょうか。そして実は、Miss O'Brien は Kim の報告を受けて **"I can call the police."** と言っていたにもかかわらず、警察には連絡していないことも判明します。いろいろと謎が多いのですが、最後まで謎解きをぜひ楽しんでください。

＊＊＊

知らない語に遭遇した時

　主人公である 13 歳の少女 Katy は、行きたくもない summer camp に参加させられそうになります。両親は Katy に、"…You can go swimming every day. You love swimming." と言いますが、Katy は、"Mom, I can't go swimming. I've got an earache." と言います。

　earache という語は見たことがない、知らない、という人もいるかもしれません。

　ここですぐに辞書を引いてもいいのですが、たいていの場合はしばらく読み続けていくとわかってくるものです。この後、Katy put her hand on her ear. とあり、ear の上に手を置く（ear を手で覆う）ので、earache は ear と -ache が合わさった語だとわかります。「耳の痛み」のことです。

　この後 Katy's dad が、"She doesn't have an earache," "But she's giving me a headache!"（以上、p.7）と言うのですが、headache な

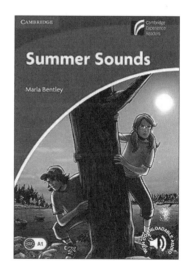

Summer Sounds
———
著者：Marla Bentley
出版社：Cambridge University Press

ら知っているという人は多いかもしれませんので、その連想でさらに earache の意味がはっきりしてきます。

　GR ではわからない語に遭遇しても、その語の前後にヒントが隠れていたり、似た語が登場したりすることで、辞書を引かなくても意味が浮かび上がってくる場合がよくあります。

　結局 Katy は camp に参加することになりました。現地に着き、Katy はすぐ隣にいた少年 Riley と知り合います。Katy が初めて Riley に話しかけたとき、彼はぶっきらぼうで、彼に対してあまり良い印象を持たなかった Katy ですが、移動のバスの中で隣り合わせになり話してみると、二人には共通点がたくさんあることがわかり、話も弾み、二人は仲良くなりました。

　二人の共通点の1つが「耳」に関するもので、Katy は自分が earache を持っていることを話すと、Riley は "I'm a little deaf." (p.10) と打ち明けます。実は二人のこの耳に関する共通点は、物語の展開において大きな役割を果たします。

　バスは mall に向かいます（mall だけで shopping mall を指します、特にアメリカで）。Katy はこの camp の中では唯一 shopping の時間を楽しみにしていました。バスの中で、運転手の George と camp director の Ms Averly が campers たちに MP3 players を配ります。Ms Averly は次のように言います。

"We're going to use these MP3 players on our visits," "They have lots of information about the things in the museums and malls. Please try them now." (p.12)

　そこで、Katy は MP3 player を聞こうとしますが、earache があるので聞くのが辛く、聞くのをやめます。Riley が Katy の player を操作して、音が出ないようにしてくれました（MP3 player から何が流れているのかは書かれていないので、わかりません）。Katy と Riley 以外の campers は全員 MP3 player を聞いています。

　大きな mall に着くと、2 時間の自由時間が与えられます。Katy と Riley は music store に入ります。店内には何人かの campers がいますが、彼らは何もせず、ただ店内に立って MP3 を聞いているだけなのです。そしてそんな campers を物陰から眺めている bus driver の George…とても不思議な光景に Katy と Riley は驚きます。

　バスに戻ると、Ms Averly が campers に "**Leave your bags and backpacks here in front of the bus, please, please,**" "**George can put them on the bus…**"（p.14）と指示をしています。Katy がバスの窓から外を見ると、George が彼女の backpack に対して何かをしているように見えます。

　彼女が近くに座っている女の子に、mall で何を買ったのか尋ねても "**I don't know.**" という返答のみ。さらに、最初にバスに乗り込んだ時には、**The campers on the bus talked and laughed. They made a lot of noise.**（p.10）であったのに、今はバスの中では誰も喋らず、とても静かなのです。Katy と Riley だけが、何が起こっているのかさっぱり理解できません。

　とても奇妙な出来事が続きますが、皆さんもぜひ Katy と Riley とともに「謎解き」に挑んでみてください。

13 | 小学校の Lunch Lady が 悪人たちと戦う

　アメリカの漫画（graphic novel）、Lunch Lady シリーズから2冊紹介します。このシリーズは 10 巻刊行されています。

　作者の Jarrett J. Krosoczka は児童書の作家兼イラストレーターです。2001 年に児童書 *Good Night, Monkey Boy*（Random House）でデビューした彼は、卒業した小学校に講演者として招かれました。講演会場である cafetorium（学校などにある cafeteria と auditorium を兼ねた大きな部屋）で講演用のスライド・プロジェクターの準備をしていた時に、自分が小学校在学中にお世話になった lunch lady（学校カフェテリアの職員）と再会し、そこから発想を得て、lunch lady を主人公とするこの漫画シリーズの執筆を思いついたそうです。

　主人公の Lunch Lady は、実は政府の秘密機関のエージェントであり、Breakfast

Lunch Lady and the Cyborg Substitute (Lunch Lady #1)

著者：Jarrett J. Krosoczka
出版社：Knopf Books for Young Readers

Bunch というグループに属する生徒達と共に、日々、悪人たちと戦う正義の superhero だったのです。Lunch Lady は fish stick nunchuck を武器とし、hairnet で悪人たちを捕まえ、最後に "Justice is served!"（「正義を召し上がれ」）という決め台詞で物語が締めくくられます。

　この Lunch Lady シリーズは（これに限らず、一般的にどの漫画にも言えることですが）、文法的に難しい文はまったく出てきません。登場人物たちの会話が中心になりますので、口語表現にたくさん出合うことができます。文法や構文は難しくないのですが、学校では学ばないような、英語母語話者がよく使う口語表現が多く出て来るので、そういう「話し言葉」に慣れていないと難しく感じると思います。

　しかし、英語母語話者が日常会話でよく使う表現や語句が多く学べますので、口語表現の宝庫であると言えます。

　Lunch Lady が勤める（そして Breakfast Bunch たちが通う）学校の Mr. O'Connell という先生が急病のため、substitute teacher の Mr. Pasteur という先生が学校にやって来ます。アメリカの学校では（多くの地域、州、学校では）先生が出張や所用のため、あるいは年休を取る時に substitute teacher（代理教員）を校外から雇うことができるのです。

　Lunch Lady は、始業前にこの Mr. Pasteur と出会い、彼が教室に向かうと、cafeteria の同僚である Betty にこう言います。

Mr. O'Connell, the math teacher, is out sick today, and something just doesn't add up.

　add up は「（数・量の）合計を計算する」という意味ですが、「＜話などが＞つじつまが合う、筋が通っている」という意味もあります。この意味では主に否定文の中で使われます。**There's something about this that doesn't add up.**（これにはどこかつじつまが合わないところがある）というふうに使われます。

　これに対して Betty は、**"He hasn't been sick once in twenty years."** と言っていることから、この 20 年間、一度も病欠することのなかった Mr. O'Connell が今日こうして病欠であるということが信じられない、ということが読み取れます。

　substitute teacher の Mr. Pasteur は、教室に入ると、生徒達にこう伝えます。

So Mr, O'Connell will not be back for some time. Fortunately, he did leave you some work. You are to finish these worksheets on algebraic formulas.

　こう言いながら、生徒たちに大量の宿題プリント（worksheets）を配布する Mr. Pasteur。実は、Mr. O'Connell は普段これほど大量の宿題を課す人ではないので、生徒たちもやや戸惑っているようです。

　この Mr. Pasteur の言動をずっと観察していた Lunch Lady は、何となく Mr. Pasteur が怪しい人物に思えてきて、Betty と共に、彼の身辺調査に乗り出します。

　Lunch Lady は Betty にこう伝えます。

OK, here's the plan.　You distract him in the teacher's

lounge with cookies. I'll check out his classroom. We're
going to get to the bottom of this.

Lunch Lady は his classroom を調べる、と言っています。最後の文にある、get to the bottom of ～は「～の真相を突き止める」という意味で、よく使われる表現です。

his classroom とは何（どこ）を指すか、わかりますか？　日本では、生徒たちがずっと１つの教室（ホームルーム）に留まって、授業ごとに、各担当の先生がやって来て授業をします。しかし、アメリカの場合、先生は自分の教室を持っていてそこに留まり、生徒たちがそれぞれ授業担当の先生の教室に移動して授業を受けます。

ですから、classroom がそれぞれの先生の office（大学で言うところの「研究室」）を兼ねていることが多いのです。先生達は自分の classroom に自分の机や本棚を持っているので、そこを調査しようと Lunch Lady は思ったわけです。そのためには Mr. Pasteur を classroom から遠ざけておかなければならず、Betty にクッキーを準備してもらい、それを差し出して彼を teacher's lounge（教職員のための休憩室のような部屋）に引き留めようと計画したのです。

Betty がクッキーをすすめると、Mr. Pasteur は "No, thank you." と言い、食べようとしません。それでも Betty は諦めずに、"Just one bite?" と言い、クッキーを差し出すのですが、Mr. Pasteur は怒り出し、Betty が持っていたクッキーを載せた盆を叩き落とします。これほどまでに強くクッキーを拒否する Mr.

Pasteur…ますます怪しいですよね。

　Lunch Lady はさらに Mr. Pasteur を追跡し、彼の正体が明らかになります。そして、Lunch Lady と Mr. Pasteur が対決する時がやってきます。

＊＊＊

　英米の GR や LR、絵本、そしてここで紹介しているような漫画などは、裏表紙や、表紙をめくった辺りとか見返しの遊びのページ（英語では fly leaf といいます）に、ストーリーの要約が書かれていることがよくあります。

　私は本を読み始める前にその要約にサッと目を通し、これからどのようなストーリーが展開するのか、想像してみます。

　この本では、表紙の裏に、次のような要約（紹介文）が書かれてあります。

Lunch Lady can sniff out something rotten like no one else—and there's definitely something rotten going on in the library. The usually friendly

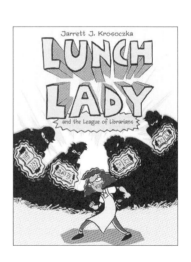

Lunch Lady and the League of Librarians (Lunch Lady #2)

———

著者：Jarrett J. Knosoczka
出版社：Knopf Books for Young Readers

librarians have become cold and secretive. Even Dee can't seem to crack a smile out of them. What darkness may lurk in the hearts of librarians? Lunch Lady is on the case! And Hector, Terrence, and Dee are along for a wild ride!

最後の文にある Hector, Terrence, Dee は、Lunch Lady と一緒に、学校内に存在するさまざまな「悪」と戦う生徒たちのグループ Breakfast Bunch のメンバーです。

今回は図書館がどうも怪しく（**there's definitely something rotten going on in the library**）、普段は friendly な librarians が cold で secretive になってしまったのだ、とあります。もしかすると Lunch Lady たちは librarians と一戦を交えることになるのかな、と予想できます。

放課後、Breakfast Bunch の 3 人はロッカーの前で帰宅の準備をしています（**At the end of the school day, the Breakfast Bunch pack up their things**）。翌日、学校の図書館で Book Fair が開催され、そこで行われる Read-a-thon というイベントを Dee は楽しみにしているようです。Read-a-thon の詳細は明記されていないのですが、これは read と marathon を合わせた語で「読書マラソン」とでも呼べそうなイベントです。

Breakfast Bunch たちが学校の図書館に立ち寄ると、そこでは librarians たちが忙しそうに翌日の Book Fair の準備をしていました。そこには Lunch Lady もいて、彼女はある本を探しており、librarian に尋ねています。そして、Dee も librarian（Mrs. Page）に話しかけるのですが、Mrs. Page は Book Fair の準備に

大わらわで、しかも今日は図書館は閉館しているのだから、用件があるなら明日にしてくれと言い、Breakfast Bunch や Lunch Lady たちを追い払います。

　全員が図書館から退出すると、Mrs. Page は、"**Is the coast clear?**" と言いながら、図書館の戸口で彼らがいなくなったことを確かめます。

　The coast is clear. というのは、文字通りには「沿岸を見張っている者はいない」「目に見える危険や障害物がない」という意味で、元々は密貿易者が海岸に沿岸警備隊などがいないことについて用いた表現です。そこから、今日では「見つかる心配はない」（今こそ好機だ）という意味でも使われています。

　こうして図書館の中にサッと引っ込む Mrs. Page…これだけでも何か怪しいですよね。

　Dee は Read-a-thon で賞を取ることに意欲的ですが、それに対して Hector と Terrence はあまり関心がないようで、特に Hector はそれよりも、まもなく発売になる X-Station 5000 Game を楽しみにしているようです。

　Book Fair の日を迎え、Breakfast Bunch たちも図書館に向かいます。Hector と Terrence は、主な関心事が video games なので、Hector が "I'm going to see if they have any books on video games." と言うと、Terrence も "I'm with you." と言い、二人は Mrs. Page に video games 関連の本があるかどうか尋ねに行きます。

"We were wondering if there were any books on video games."

　ここで、were wondering というふうに過去形を使っています
が、意味は「現在」で、過去形を使うことによって「丁寧さ」
が増すのです。例えば、I was wondering if I could ask you to
help me with my essay. と言うと「私のエッセイ（私がエッセイ
を書くの）を手伝っていただけないかなと思ったのですが」と
いう意味になります。I wonder if…→ I am wondering if…→ I
wondered if…→ I was wondering if…の順に「控えめな気持ち」
が強まり、より丁寧な表現になります。

　Hector と Terrence はこんなに丁寧に Mrs. Page に尋ねたに
もかかわらず、Mrs. Page は、**"I wouldn't waste my time!"** と
激怒します。彼女が鬼のような形相で Hector の胸倉を掴んでこ
のように言っていることが絵を見るとよくわかり、こういう絵
があるところが漫画のありがたい点です。やはりこの Mrs. Page
は何か怪しいですね。

　放課後になり、Mrs. Page は、助手の Edna Bibliosa と共
に、二人のゲストを招いて、四人だけの秘密の会合（librarian
meeting）を開きます。会合では、Mrs. Page が、**"We are the
League of Librarians…"** と高らかに宣言し、四人はいかにも
何か悪だくみしているような、含みのある表情を浮かべています。

　この会合の様子を（いつものように）Lunch Lady は boiler
room から（隠しカメラを通じて）モニターで見ており、この会
合で話し合われている秘密計画を突き止めました。その計画を阻
止すべく、Lunch Lady たちは図書館に忍び込みます。

Column 4
文法の総復習にピッタリの1冊

　今回は「英語で書かれた文法書&ドリル」をお探しの方のために、長年にわたるベストセラー Raymond Murphy 著 *Basic Grammar in Use*（Cambridge University Press, 2017）を紹介します。

　見開き2ページで1 unit になっており、計 116 unit で構成されています。左ページに文法事項のポイントがやさしい英語で簡潔にまとめられています（難しい文法用語は一切使われていません）。チャートやカラフルなイラストも頭に残りやすい工夫がなされています。そして実際に日常会話や作文ですぐにでも使えそうな例文が多く挙げられています。

　例えば、Unit 28、can and could を見てみましょう。左ページ冒頭に、カラフルな図とともに、I can play the piano./He can play the piano. という文が掲げられていて、その下に、"can + base form (can do / can play / can come, etc.)" "I can do something = I know how to do it, or it is possible for me to do it." という説明があります。その後にはさまざまな主語と can を組み合わせた例文が多く掲げられています。右ページは練習問題になっています。

　巻末には練習問題の解答や additional exercises が掲載されています。この本は、拙著で紹介している星マーク1つの難易度の本が読める方におすすめです。

14 | 英文学の名作を retold 版で味わう

　Macmillan Readers シリーズから 2 冊紹介します。このシリーズは本書、p.29 でも紹介しました。同シリーズは、英語が母語ではない学習者向けの段階別多読図書（Graded Readers）です。レベルごとの語彙数は 300（レベル 1 or Starter）から始まって2,200（レベル 6 or Upper）まであります。同シリーズは、世界の名作（文学作品）の retold 版（やさしい英語で書きなおしたもの）を多数そろえているのが特徴です。retold 版なので、原作よりもやさしくなっていると同時に短くまとめられており、細部が多少コンパクトにまとめられている（省略部分がある）こともあります。

　そこで、文学作品の retold 版をスラスラ読むためのコツを 2 点、紹介します。

　1. 原作の日本語の翻訳を先に読む
　2. 原作が映画化されたものがあれば、その映画を事前に観ておく

　Macmillan Readers シリーズに限って言えば、レベル 2 以上の本には A Note About This Story と The People in This Story という頁が巻頭にあります（これもやさしい英語で書かれています）。イラスト付きのこのページをまず読むことによって、物語

の時代背景や著者について、そして登場人物の人間関係について
知ることができます。また、ストーリーの朗読 CD が付いている
ものが多いので、CD を聞きながら本を読むのもいいでしょう。

　まず、同シリーズの中から、Louisa M. Alcott（1832–1888）の
作品を 2 作、紹介します。*Little Women* は翻訳（『若草物語』）
も出ており、何度も映画化されています。最新では、2019 年公
開の映画『ストーリー・オブ・マイライフ わたしの若草物語』
（監督グレタ・ガーウィグ、主演シアーシャ・ローナン、ティモ
シー・シャラメ他）が日本で
も好評で、この作品が広く知
られるきっかけとなりました。

　1861 年、南北戦争（American
Civil War）を背景にした Meg、
Jo、Beth、Amy の March 姉
妹の物語です。クリスマスを
前にした March 家の娘たち
の言動には、日常の鬱憤やそ
れぞれの欠点が現れ出ます。

'We are poor,' said
Meg, the eldest girl. 'It is
terrible.' Meg was very
pretty. She had large eyes
and soft brown hair.

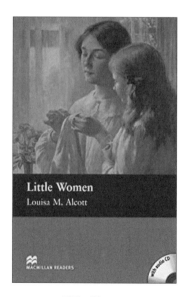

Little Women
———
著者：Louisa M. Alcott
（retold by Anne Collins）
出版社：Macmillan Education

'I hate girls' work and girls' things,' said Jo. She was tall and thin. She had beautiful, long red hair. 'I don't want to stay at home,' she said. 'I want to fight in the war.' (p.10)

父親が南北戦争の従軍牧師として家を離れているため、March 家は4姉妹を温かく見守る母と、お手伝いの女性からなる、女性だけの家です。みすぼらしくて古びた家に住み、貧しいながらも、この家族には温かさや明るさが満ちあふれています。クリスマスの夜には、March 家は友人たちを家に招いて、自作の劇を披露することになっています。

The March sisters often acted in plays. Jo wrote the plays. The girls acted in a small room at the top of the house. They put on brightly-coloured clothes and they enjoyed themselves. (p.14)

not always ～
「必ずしも（いつも）～とは限らない」（部分否定）

ある日、Meg は友人宅で開かれたパーティに招かれるのですが、そこで、ある二人の女性の会話を耳にします。

'Meg March is a kind and lovely girl,' said one woman. 'But her family is poor.' / 'The Marches live near the Laurences,' said the other woman. 'The Laurences are very rich. Does Mrs March have marriage-plans for

her daughters? Will one of them marry Mr Laurence's grandson?'（p.33）

　Mr Laurence の孫（Laurie）と March 姉妹は best friends なのであって、彼らのお金が目的で結婚するなどとは考えてもいなかった Meg は大いに気分を害し、帰宅して母にこのことを話します。

　母は「その女性たちはとても愚かです」「私の娘たちは good husbands と結婚するのです」と言った後で、**'But good men are not always rich men'**（p.33）と補足します。not always で「必ずしも～とは限らない」という意味になります。良い男の全員が金持ちではない、ということではなく、「良い男は必ずしも金持ちだとは限らない」という意味になり、あくまでも「部分否定」であることに注意しましょう。

> 例文
> ・I don't always agree with my mother.（私はいつも母に賛成するわけではない）
> ・Money does not always bring happiness.（お金が必ずしも幸福をもたらすとは限らない）

　この物語の魅力の１つに、母 Mrs March の機知に富んだ優しい言葉に多く接することができるという点があります。

'Love is more important than money. Don't marry a rich man without love, Meg. Marry a poor man with love. Then

you will be happy.'（p.33）

　姉妹は、時には喧嘩をしたり、思いがけない事故や病気に見舞われます。次の年のクリスマス前、重体で入院していた父（Mr. March）が無事帰還します。彼は4人の娘たちの嬉しそうな顔を見ながら、こう言います。

'My dears,' he said. 'This year has been very long and difficult. You had to work very hard. I left home and you were girls. Now you have grown up. You are four fine women.'（p.57）

　互いに信じあうことによって、姉妹たちは戦中から戦後を力強く生き抜き、"girls"から"women"へと成長しました。艱難辛苦を乗り越え、最後には愛と幸福を見つけていくのです。

＊＊＊

What do you say?

　次に紹介する *Good Wives* は、*Little Women* の続きにあたるものです。この物語は長女 Meg の結婚式から始まります。結婚相手は、先に紹介した *Little Women* の登場人物の一人ですので、ぜひお読みになって確認してみてください。次女の Jo は、作家になるべく、努力を続けています。

Sometimes she shut herself in her room and she wrote for hours and hours.（p.12）

　ある日、Jo は a competition for writers において入賞し、100 ドルの賞金を手にします。しかし、作家への道を順調に歩んでいるかと思われる中、何か心配事を抱えているようにも見えます。Jo は、実は Laurie（隣家に住む男性）から求婚されているのですが、Jo は Laurie のことを dearest friend だと思っており、彼と結婚することは望んでいないのです。そんな彼としばらく距離を置きたいと思い、Jo はニューヨークに滞在することにします。落胆する Laurie を励まそうと、彼の祖父はヨーロッパ旅行を提案します。

'…We'll go to interesting places and we'll see wonderful things. What do you say, Laurie?'（p.32）

　この What do you say? は「どう思いますか」「あなたのご意見は」（= What is your opinion?）という意味の決まり文句です。

‖ 例文
‖ ・What do you say to that?（そ
‖ のことをどう思いますか）

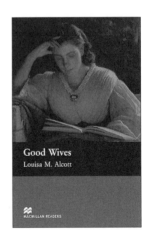

Good Wives

著者：Louisa M. Alcott
（retold by Anne Collins）
出版社：Macmillan Education

15 | アメリカで定評のある 絵本を読んでみよう

アメリカ人児童文学作家、イラストレーターである Kevin Henkes の絵本を2冊紹介します。

Henkes は Newbery Honor（2004）、Caldecott Medal（2005）、Phoenix Award（2013）、Children's Literature Legacy Award（2020）を受賞しており、英語圏の国々で最も親しまれている作家の一人です。彼の作品の多くは日本語にも翻訳されています。

形容詞 + enough + to 不定詞

主人公のネズミの女の子が生まれた日の描写で始まります。

The day she was born was the happiest day in her parents' lives./ Her parents named her Chrysanthemum.

Chrysanthemum
————
著者：Kevin Henkes
出版社：Greenwillow Books

両親は彼女に Chrysanthemum という名前を付けます。chrysanthemum はキク（の花）のことです。両親は perfect な名前を付けたという自信があり、彼女も成長するにつれ自分の名

前を気に入るようになります。**…when she was old enough to appreciate it, Chrysanthemum loved her name.**

「形容詞 + enough + to 不定詞（to +V 原形)」で、「V する（に十分な）だけ（の）…」という意味になります。

> 例文
> ・You are not old enough to go abroad by yourself.（あなたは一人で海外に行くだけ十分には歳を取っていない）
> ＊つまり「まだ幼過ぎて、一人で海外へ行くのは無理だ」という意味。
> ・His explanation was clear enough for us to understand.（彼の説明はとてもわかりやすくて我々は理解できた）
> ＊「彼の説明は我々にとって理解するのに十分なほどわかりやすかった」

　やがて Chrysanthemum は小学校に入学する年齢に達し、ワクワクしながら初日を迎えます。喜び勇んで学校に到着するのですが…。

on [upon] ～ ing

But when Mrs. Chud took roll call, everyone giggled upon hearing Chrysanthemum's name.

　roll call は「出席調べ、点呼」のことです。先生が出席を取る際に Chrysanthemum の名前を呼んだ時、クラスの皆がクスク

ス笑い出したのでした。

　upon hearing の意味を考えてみましょう。まず、upon は on とほぼ同義で、on はより口語的、upon はややフォーマル（あるいは文語的）であると言えます。高校では"on 〜 ing"の形で習うことが多いと思います。これで「〜するとすぐ、〜したとたん」（= as soon as 〜）、または「〜すると、〜した時に」（when 〜）の意味になります。どちらの意味になるかは文脈によって判断しましょう。upon hearing は「聞いた時」あるいは「聞くとすぐに」のどちらでも当てはまりそうです。ここでは、高校で習う on 〜 ing の形を使った例文を挙げておきます。

> 例文
> ・On hearing the news, I rushed out of the house.（そのニュースを聞くとすぐに私は家を飛び出した）
> ・My mother felt better on arriving home.（帰宅するとすぐに母は気分が良くなった）
> ・On seeing my brother, the dog jumped at him.（私の兄を見るとすぐにその犬は兄に飛びかかった）

　確かに Chrysanthemum という名前は珍しいのですが、大人はこういう時には笑ったりしないでしょう。しかし、子どもたちの間でならこういうことは起こり得る、と想像できますね。
　作者 Henkes はこういう子どもの心理や言動を描くのがとても上手です。そして実際にはクラスメートたちはクスクス笑うだけに留まらず、（悪気はないのでしょうが）心ない言葉を次々に口

にします(ぜひそれらの言葉は直接お読みになってみてください)。

　学校生活を楽しみにしていたのに、初日でこんな体験をし、Chrysanthemum wilted. この動詞 wilt は、「＜草花などが＞しおれる」と「＜人が＞ぐったりする、しょげる、弱る」の両方の意味があり、Chrysanthemum が花の名前でもあるので作者はあえてこの語を使ったのかもしれませんね。

　すっかり意気消沈して帰宅する Chrysanthemum を温かく包み込んでくれる両親。そしてある先生によって事態は好転するのでした。子どもがひどく傷ついている時や、孤独感に苛まれている時に、周りの大人たちがどのようにそういう子どもと向き合って手を差し伸べてあげられるか、ということをも考えさせられる1冊だと思います。子どもにも大人にも読んで欲しいものです。

＊＊＊

So ＋（助）動詞 ＋ S「S もそうだ」

　次に紹介する本は『ジェシカがいちばん』(小風さち・訳、福武書店、1991年) という翻訳がありましたが、残念ながら絶版になってしまいました。ところが、嬉しいことに新訳『ジェシカといっしょ』(小風さち・訳、徳間

Jessica
—
著者：Kevin Henkes
出版社：Greenwillow Books

書店）が 2021 年 6 月に出版されました。

　主人公の女の子 Ruthie は、兄弟姉妹もペットもいない、一人っ子です。しかし、Jessica という子といつも、どこへ行く時も何をする時も、一緒にいて、二人は仲良しです。Ruthie の両親は「うちに Jessica なんて子はいませんよ」と言います。

　実は Jessica というのは、Ruthie の想像上のお友達なのです。

If Ruthie was mad, so was Jessica.

　So +（助）動詞 + S（主語）で「S もそうだ」という意味になります。この文は、**If Ruthie was mad, Jessica was mad too.** ということです。"So +（助）動詞 + S" の S が強く読まれます（強勢が置かれます）。

> 例文
> ・I enjoyed the movie and so did my wife.（私は映画を楽しんだ。妻もそうだった）
> ・[A と B の会話]
> A：I can play the piano.（私はピアノが弾けます）
> B：So can I.（私も弾けますよ）

　この後 If Ruthie was sad, Jessica was too. And if Ruthie was glad, Jessica felt exactly the same. とあります。気の合う二人なんでしょうね。

　しかしやがて Ruthie が kindergarten に通う年齢に達し、現

実に直面することになります。Ruthie は Jessica を連れて kindergarten に行きます。みんながペアを組んで活動する際も、Ruthie は一人ぼっちでした（いや、彼女は Jessica と一緒にいる「つもり」でした）。そんな時、ある女の子が、一人ぼっちでいる Ruthie に近寄って来てこう言いました。

"Can I be your partner?"

　ここから意外な方向に話が展開します。きっと Ruthie は少しずつ成長していくのだと思います。

16 ┃ アメリカの家の文化も見えて　くる人気絵本作家シリーズ

　本書 p.36 で紹介した Mr. Putter & Tabby シリーズの著者 Cynthia Rylant の絵本を 2 冊紹介します。Rylant はアメリカの作家で、多くの児童文学賞を受賞しています。彼女の作品の多くは日本語にも翻訳されていて、日本にも子どもから大人まで幅広い層のファンがいます。

強調構文

　Solomon Singer は孤独な老人で、New York City にあるホテルで生活しています。そのホテルの部屋には彼が夢見る balcony も fireplace も、そして porch もなく、ペットを飼うことも、壁を好きな色に塗り替えることも許されていません。

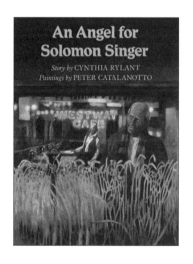

An Angel for Solomon Singer
———
著者：Cynthia Rylant
出版社：Scholastic Inc.

…it was this that drove him out into the street each night.（p.6）

　この文は「強調構文」と呼ばれるもので、文の一部を強調したい時、強調したい語句を it is［was］と that の間に入れ、残りはそのまま that の後に続ける形になります。

　上掲の文では it was と that の間に挟まれている this を強調しているのです。この this は「このこと（事実）」なのですが、何を指すかというと、その前に、**It is important to love where you live, and Solomon Singer loved where he lived not at all,** という文があり、これ全体を指します。つまり、Singer は自分が住んでいる場所（ホテル）がまったく好きではなく、まさにこのことが彼を外（通り＝ the street）に追いやった（drove out）のだ、というのが直訳になります。好きになれないホテルにいても居心地が悪く、それでつい頻繁に外出した、ということになります。

　そしてさらに強調構文を使った文が続きます。

It was dreams of balconies and purple walls that took him to the street.

> 例文
> ・It was Austria that I visited last month, not Australia.（私が先月訪れたのはオーストリアだ、オーストラリアではない）
> ・It is seldom that he reads books.（彼が本を読むことはめったにない）

　彼は落ち込んだ気分のまま夜の街を夜な夜な歩くのでした。生まれ故郷の Indiana（アメリカの中西部にある州）を思い出し、

懐かしみながら。

　… at night he journeyed the streets, wishing they were fields, gazed at lighted windows, wishing they were stars, and listened to the voices of all who passed, wishing for the conversations of crickets.

　ある夜、Singer はいつものように街を歩いていると、Westway Cafe という店が目に入ってきました。彼は中西部の出身なので、この店の名前に惹かれます。中に入り、メニューを開くと、**The Westway Cafe ― where all your dreams come true.** と書かれてあります。この日から、Singer は毎日のようにこの店に通うようになります。さて、タイトルに angel という語がありますが、Singer にとっての angel とは何、または誰なのでしょう。

＊＊＊

few と a few の違い

　この本は、アメリカの一般的な「家」が舞台になっており、読んでいると、語り手と共に家の中をゆっくり歩いていくような感覚を覚えます。そんな「家のツアー」は porch から始まり、living room、kitchen、bathroom と進んでいき、最後は attic です。
　living room の描写を見てみましょう。

Some people are lucky enough to have a fireplace in their living room, and there are few things that make a person cozier.

ここで注目したいのが few です。これは「ほとんどない」という否定的な意味になります。これに a がついて、a few だと「少しの、2〜3の」という意味になります。

there are few things that make a person cozier. は「(リビングルームには)(これ以上)cozy に感じられるものはない」ということで、つまりリビングルームには他では見つからない最高の cozy なものが揃っている、という意味になります。

この後に、**Few places are so friendly as a living room.** と書かれていますが、これは「リビングルームほど friendly な場所はほとんどない」ということなので、言い換えれば「リビングルームが最も friendly な場所だ」ということになるわけです。

Let's Go Home

著者：Cynthia Rylant
出版社：Simon & Schuster
Books for Young Readers

例文

・Tom makes few mistakes in Japanese. (トムの日本語には間違いはほとんどない)

・Few students could answer my question.（私の質問に答えられた生徒はほとんどいなかった）

・I made a few mistakes on the test.（私はテストで少し間違いをした）

・He called me a few days later.（彼は 2，3 日後に私に電話をしてきた）

　この本は、とにかくイラストが素晴らしい。porch から attic まで、家の中にある小さなものにも目を向け、家の素晴らしさを温かく描写しています。私もアメリカでホームステイしたいくつかの家のことを思い出しました。

Column 5
お気に入りの英文を何度も筆写してみよう

「同時通訳の神様」と呼ばれた國弘正雄は、中学高校の英語の教科書を500〜1,000回は音読し、筆写した、と述べています（『英会話・ぜったい・音読』参照）。X（旧 Twitter）で私が繋がっている英語学習者の中には、かなりの上級者やプロの通訳・翻訳者でも「写経」と称して、英文筆写を日課にしている方が少なくありません。英語を身体に「染み込ませる」（「内在化する」と國弘は言います）のに筆写はとても良い学習法です。

ポイントは「難しい本は避ける」「やさしいものを選ぶ」「ストーリーを理解しているものを選ぶ」そして「長くない本を選ぶ」こと。

学生さんはまずは学校の英語の教科書の本文をそっくりそのままノートに書き写してみてください。それから徐々に段階別多読図書、そしてペーパーバックを筆写してみてはいかがでしょうか。社会人も、やさしい本から始めましょう。私が本書で紹介している本を読んでみて、よく理解できる本の英文を筆写してみましょう。本を1冊全て書き写すのが大変ならば、お気に入りの文章だけを書き写すのも良いと思います。眺めているだけでは頭に残りにくいのですが、書いてみることによって頭に残りやすくなります。

そして、あとは書き写した英文のノートを繰り返し眺め、音読し、また忘れた頃に眺め、音読する…この繰り返しが語彙増強、文法の理解、構文の暗記に繋がり、繰り返し筆写している英文が内在化され、会話や作文で使える英語の貯金が増えていきます。

17 ｜「Little Bear」シリーズ で心なごむひとときを

　アメリカの学習絵本（LR）である I Can Read シリーズに収められている Little Bear シリーズから2冊紹介します。幼い Little Bear と、愛情に満ちた Mother Bear とのやり取りにはつい心がなごみ、こちらも穏やかな気持ちになってしまいます。各巻が4つの短編で構成されています。

I wish 〜
「〜できたらなぁ」

　夜、Little Bear は床に就いていますが、寝られずにいます。なぜ寝られないのかと尋ねる Mother Bear に対して、**"I'm wishing," said Little Bear.**（p.51）

　さて、Little Bear はどんなことを wish しているかというと、**"I wish that I could sit on a cloud and fly all around…"**（p.52）／

　" **…I wish I had a big**

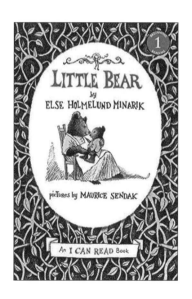

Little Bear

著者：Else Holmelund Minarik
出版社：HarperCollins Publishers

red car…"（p.55）などと Mother に話します。

　このように（実現できなそうな）願望を表す時に I wish 〜 が
使えます。「〜」には文が続きますが、「〜」の文の動詞は過去形
にします（「仮定法過去」の一種）。「仮定法過去」という名称が
ついていますが、表している内容は現在のことです。現在の事実
に反すること（願望も含む）を表す時、その部分の動詞（または
助動詞）は過去形を用います。

> 例文
> ・I wish I had enough money to buy a new car.（新車を買う
> お金を持っていればなぁ）［実際には持っていない］
> ・I wish I could speak English well.（英語を上手に話せれば
> なぁ）［実際には上手に話せない］

　Little Bear は次々に願いごとと、そう願う理由を述べていき
ますが、その度に Mother は **"You can't have that wish"** と答
えます。それでも諦めずに I wish 〜 を続けていきますが、つい
に Mother は **"maybe you can have that wish"**（p.57）と答え、
Little Bear の wish を叶えるお手伝いをしてくれます。それはど
んな wish だったのでしょうか。

＊＊＊

How about 〜 ?

　ある日、Little Bear は祖父母の家に遊びに行きます。Little Bear は Grandfather Bear に、物語を聞かせて欲しいとねだります。**"Then I must have a pipe," said Grandfather.**（p.19）そこで Little Bear は Grandfather の pipe を取りに行きます。戻ってみると、Grandfather はぐっすり眠ってしまっていたのです。そこで Grandmother が代わりにお話をしてくれることに。Grandmother のお話が終わり、coffee time になると、Grandfather は起きてきました。

　"How about a goblin story?" asked Little Bear.（p.39）

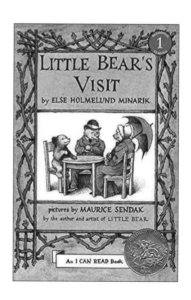

Little Bear's Visit
───
著者：Else Holmelund Minarik
出版社：HarperCollins Publishers

　goblin の話が聞きたい、とおねだりする Little Bear。
　この How about 〜 ? は「〜」に名詞や動名詞が続き「〜（するの）はどう？」と、提案や勧誘を表す表現で、日常的によく使われます。

┃ 例文
┃ ・How about playing cards tonight?（今晩トラ

ンプをするというのはどう？）

・How about some tea?（お茶でもいかがですか）

　Little Bear が、両親だけではなく祖父母にもたっぷり甘えている様子がわかり、登場人物のセリフから、家族や友達との会話に「優しさ」を付け加えるヒントをたくさん学べるこのシリーズをどうぞお楽しみください。

18 | Arthur 一家の珍道中をドキドキしながら読み進めよう

アメリカの出版社 Random House が出版している LR、Step into Reading シリーズから2冊紹介します。step 1 から5までの5段階にレベル分けされています。

could have + 過去分詞：〜した（できた）かもしれない

Arthur 一家はニューヨークを訪れます。泊まるのは The Big Apple Hotel というホテルですが The Big Apple はニューヨークの愛称です。

ホテルの部屋に荷物を置くと、早速一家で市内観光に出かけます。美術館に行き、一家は楽しみますが、Arthur の妹 D.W. は美術館にはあまり興味がなく、早く Mary Moo-Cow Palace に行きたくてたまらないのです。

この Mary Moo-Cow というのは D.W. が肌身離さず持

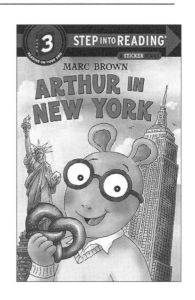

Arthur in New York

著者：Marc Brown
出版社：Random House Books for Young Readers

ち歩いているぬいぐるみのキャラクターです。Mary Moo-Cow Palace で Mary Moo-Cow 関連の展示物を見て回った D.W. は、**"I could have stayed there for hours"**（p.13）と言っています。

could have + 過去分詞で「〜した（できた）かもしれない」という意味を表すことができます。D.W. は「そこに何時間でも（いようと思えば）いることができたわ」と言っているわけです。過去のことについての推量や「そうなる可能性があったのに実際はそうならなかった」ことを表します。映画・ミュージカル劇 My Fair Lady の中で歌われる "I Could Have Danced All Night" は有名ですね。

> 例文
>
> ・What she said could have been right.（彼女が言ったことは正しかったかもしれない）
>
> ＊ what についてはこの後説明します。
>
> ・He could have escaped, but he chose to fight.（彼は逃げることもできただろうに、戦うことを選んだ）

その後も市内観光は続きますが、D.W. の Mary Moo-Cow 愛があまりにも強すぎて、最後に家族を少し困らせてしまいます…。

＊＊＊

「もの・こと」の意味の what

Arthur は授業の一環として博物館を訪れます。現地に到着

し、先生（Mr. Ratburn）が、**"Today we will visit the Hall of America"**（p.4）と言うやいなや、Arthur は挙手します。それに対して、**"Save your question, Arthur…"** と先生はたしなめるのですが、Hall of Dinosaurs の傍を通るとまた彼は挙手します。先生は、**"we do not have time for the dinosaurs today"**（p.6）と言い、クラス一行は歩き続けますが、Arthur は、**"That's not what I wanted to ask"** とブツブツ言います。

　この what は "the thing(s) which 〜" に置き換えることができます。the thing(s) という先行詞も含んだ関係詞なわけです。

先ほどの文は「それは僕が尋ねたかったことではない」という意味です。この what が使えると、会話や作文の表現の幅がぐんと広がります。

　この後、展示を見ながら先生が説明をしているのに、生徒たちは何かを見て笑っているので、**Mr. Ratburn turned to see what they were laughing about.**（p. 20）という場面があるのですが、ここでも what が使われています。

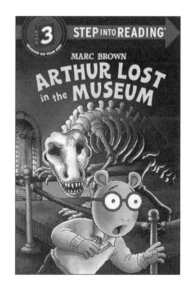

Arthur Lost in the Museum

著者：Marc Brown
出版社：Random House Books for Young Readers

> 例文
> ・Don't put off tomorrow what you can do today. (今日でき
> ることは明日に延ばすな)

　Arthur がしきりに挙手する意味がようやく判明します。彼は
単にトイレに行きたくてその許可を求めようとしていたのです。
やっと許可が下りて彼はトイレに行くのですが、長い間戻ってき
ません。その間、生徒たちの間からたまに笑いが起こります。そ
の笑いの原因は何だったのでしょうか。そして Arthur は無事に
皆のもとへ戻って来られるのでしょうか。

19 │『ロビンソン・クルーソー』や『ガリバー』を retold 版で読む

　Pearson English Readers シリーズから４冊、紹介します。Easystarts からレベル６まで７段階にレベル分けされています。どのレベルの方にも英語で本を読む喜びをお約束します。世界の古典文学、伝記、人気映画のノベライズものを retold で楽しむことができます。今回紹介する４冊は、有名な英文学作品の retold 版です。

be afraid for ～／be afraid of ～

　冒険文学の金字塔と呼ばれる『ロビンソン・クルーソー』の retold 版です。英国 York 生まれの Robinson は友人に誘われ、初の航海に出かけます。1651 年９月、英国 Hull を出発します。

　以降、さまざまな国を訪れることになりますが、1659 年９月、ブラジルからアフリ

Robinson Crusoe
___

著者：Daniel Defoe
（retold by Nancy Taylor）
出版社：Pearson Education

カへ向かう航海で、大嵐に見舞われます。

The wind threw the ship this way and that for nearly two weeks. There were eleven of us and we were afraid for our lives.（p.2）

be afraid for ～は「＜人＞の安否を気遣う、＜物・事＞の様子［安否］を気遣う」という意味です。

> 例文
> ・We are afraid for our daughter's safety.（私たちは娘の無事を気にかけている）

be afraid of ～は「（～を／～することを）こわがって（恐れて）いる」という意味になります。この本には、こちらの形で何度も登場します。

…I slept in a tree because I was afraid of the animals…（p.3）／**That year, I wasn't afraid of the future.**（p.8）

> 例文
> ・Many children are afraid of the dark.（多くの子どもは暗いところを怖がります）

航海の途中で難破し、Robinson は一人、孤島に漂着します。ここから 28 年に及ぶ無人島生活が始まります。

＊＊＊

stay ＋ 形容詞「～の（状態の）ままでいる」

　世界中で読み継がれている『ガリバー旅行記』の retold 版です。「私」は 1699 年、Antelope 号に乗り、船旅を始めます。ある日、猛烈な嵐に襲われ、難破してしまいます。

The wind and the water carried me away from the other men and I never saw them again. (p.1)

　ある島に漂着し、いつの間にか 9 時間ほど眠った後目覚めると、身動きが取れない状態になっていました。

　そこは小人の国 Lilliput で、自分の手のひらよりも小さな小人たちに、何千もの糸で体を縛り上げられていたのでした。しばらくすると、何千もの矢が飛んできます。

Gulliver's Travels

著者：Jonathan Swift
(retold by Pauline Francis)
出版社：Pearson Education

They hurt me and I was afraid for my eyes.（p.3）

　先ほど取り上げた be afraid for ～がここにも登場します。顔を手で覆い、**'I'll stay quiet,' I thought.**（p.3）この stay は「滞在する」という意味ではなく、後に形容詞（または形容詞句、分詞、名詞）を伴って「＜人などが＞～の（状態の）ままでいる［ある］」「～の状態を保つ」という意味になります（同義語は remain）。

　Steve Jobs さんが2005年にスタンフォード大学卒業式で行ったスピーチの締めの言葉、"Stay Hungry. Stay Foolish."（常にハングリーであれ、常に愚か者であれ）でもよく知られていますね。

> 例文
> ・I stayed awake until my son came home.（息子が帰宅するまで起きていた）

　『ガリバー旅行記』は、小人の国 Lilliput のエピソードが最も有名ですが、この後「私」は、巨人の国や、馬たちの国などにも滞在します。これらのエピソードもこの retold 版で楽しむことができます。

20 名作の retold 版 『不思議の国のアリス』 『クリスマス・キャロル』

　Pearson English Readers シリーズ、残り 2 冊を紹介します。

　ある日 Alice は川辺の土手に座っていると、そこに服を着て人間の言葉を喋る white rabbit が通りかかります。Alice はその white rabbit を追いかけて rabbit-hole に飛び込むのですが、そこで彼女を待ち受けていたのは、とても不思議な住人たちで構成される不思議の国でした。

　そこに住む Cheshire Cat 自身が、'We're all strange here. I'm strange. You're strange.'（p.19）と言っています。

　他の住人として Duchess、Queen、March Hare、Mad Hatter 等が登場しますが、これらのキャラクターは英語圏の子どもたちなら皆よく知っています。

　hatter は「帽子屋、帽子製造人」のことですが、（as）

Alice in Wonderland

著者：Lewis Carroll
（retold by Mary Tomalin）
出版社：Pearson Education Limited

mad as a hatter [March hare]、という言い方があり、これは「まるで気の狂った、ひどく怒って」という意味です。

　この表現は *Alice in Wonderland* が発表される前から存在したようですが、この作品中の Mad Hatter と March Hare が知られるようになってからさらに広く使われるようになったようです。

　Alice は、迷い込んだ不思議の国で、ある家に入っていくのですが、そこには large, ugly woman（=Duchess）、baby、cook、そして large cat with a big smile（= Cheshire Cat）がいました。Alice にとっては不可解な点が多々あるのですが、まずは Duchess に ‘… **why is your cat smiling?**’ と尋ね、Duchess は、‘**Because it's a Cheshire Cat, that's why**’（p.17）と答えます。

That's why 〜

　That's why + S + V. で「それが S が V する理由である、そのために S が V する」という意味になります。That is the reason why 〜 . の先行詞 the reason が省略されている形です。本文では that's why で終えていますが、that's why my cat is smiling ということになりますね。

> 例文
> ・I want to read *Harry Potter* in the original. That's why I'm studying English hard.（私は『ハリー・ポッター』を原文で読みたいのです。それで一生懸命英語を勉強しているのです）

　Alice が迷い込んだこの家では、cook が料理の合間に手当た

り次第に、Duchess や baby にいろいろなものを投げつけたり、Duchess から急に baby を渡された Alice が家の外に出ると、その baby が違うものに変身したり…その他さまざまな奇妙なことが起こります。

皆さんも Alice と共にこの不思議な国の冒険に挑んでみてください。

＊＊＊

「さようなら」の
Good afternoon!

主人公である Scrooge という初老の男は、ロンドンで Scrooge and Marley 商会という事務所を構えていました。Marley というのは、かつての共同経営者だったのですが、7 年前に亡くなりました。この物語を理解するために、まず Scrooge がどういう人物かをおさえておく必要があります。

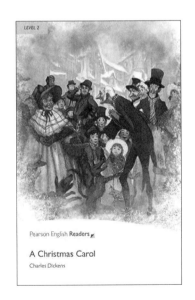

A Christmas Carol

著者：Charles Dickens
（retold by Michael Dean）
出版社：Pearson Education Limited

Scrooge was a hard man, and he loved money. He

was a cold man too, a man without any friends.（p.1）

　実は彼は、金にばかり執着し、優しさのかけらもない、冷たい男でした。

　実は scrooge は名詞で「守銭奴、けちん坊」という意味なのですが、この語の元になったのがこの物語の Scrooge だったのです。英語母語話者は普通にこの scrooge という語を知っていて使っていますので、皆さんもぜひ覚えましょう。
　Scrooge は Christmas Eve も事務所で机に向かっています。そこへ甥の Fred が訪れます。Fred は Scrooge 叔父に 'Merry Christmas!' と挨拶するのですが、Scrooge は 'Humbug!'（「馬鹿な」「くだらない」の意）と返すばかり。

'Don't be angry, Uncle. Come and have dinner with us tomorrow, on Christmas Day.'
　'No,' said Scrooge. 'And again, no! Good afternoon!'（p.3）

　Christmas の dinner に招待してくれている Fred に対して、にべもなく断る Scrooge ですが、最後に **Good afternoon!** と言っていますね。
　こんなところで唐突に「こんにちは」と挨拶しているのでしょうか？　実はそうではなく、Good afternoon は、別れ際に言えば「さようなら」の意味にもなるのです。その意味で使う時は good にアクセントを置き（強く読み）、最後はやや上昇調に発音します（この場面を朗読や映画等でぜひ聞いてみてください）。

　つまり、Scrooge は Fred との会話を早く終わらせ、Fred を帰らせたい意図があったわけです。この後にも募金を呼び掛ける人たちが彼を訪れるのですが、この人たちに対しても **Good afternoon!** と言って追い返すのでした。

　Scrooge が仕事を終えて帰宅すると、亡くなったはずの Marley が何と ghost となって Scrooge の前に現れます。そしてその ghost は、これから 3 人の ghost が訪れる、と予告します。それぞれの ghost が Scrooge に何かを見せたくて彼を外に連れ出します。そこで Scrooge は何を目にすることになるのでしょうか。

　この作品は、何種類もの翻訳と映画化作品が出ています。BBC がとても良いドラマ映画を製作したのですが、DVD になっており、私も見ました。他には、Albert Finney が Scrooge に扮するミュージカル映画 Scrooge（監督 Ronald Neame、1970 年）が私は好きです。

21 | 受験で覚えた構文が、洋書の なかでもちゃんと使われている

　アメリカの児童書 Flat Stanley シリーズから 2 冊紹介します。日本でも『ぺちゃんこスタンレー』という題で翻訳が出ており、親しまれています。

can't help + 〜ing

　主 人 公 の 少 年 Stanley Lambchop の部屋には大きな bulletin board が設置してありました（イギリス英語では notice board ともいいます）。

…the enormous bulletin board that Mr. Lambchop had given the boys a Christmas ago so that they could pin up pictures and messages and maps という 説明があり、続いて、It had fallen, during the night, on top of Stanley.（p.2）とい うわけで、寝ている間にそれ

Flat Stanley: His Original Adventure!
———
著者：Jeff Brown
出版社：HarperCollins Publishers

が Stanley の上に落っこちてしまい、彼は flat（ぺちゃんこ）に
なってしまったのです。

　そんな flat な Stanley を見て、家族は驚くのですが、**"Let's
all have breakfast," Mrs. Lambchop said. "Then Stanley
and I will go see Dr. Dan and hear what he has to say.** (p.4)
というお母さんの冷静さに、私はつい笑ってしまいました。ユ
ニークでほのぼのとした Lambchop 家のキャラクターを垣間見
ることができますね。

　Mrs. Lambchop は Stanley を医者に連れて行きます。しかし、
医者もどうしていいのかわからず、一家は flat な Stanley をその
まま受け入れて生活していくことになります。

　flat な人間として生活するのは決して悪くなく、むしろ良い
ことが多く、Stanley は楽しそうです。そんな Stanley を傍で見
ていて嫉妬する弟 Arthur は、兄に対してぶっきらぼうな態度
をとるようになりますが、両親は、**"Arthur can't help being
jealous"** と Stanley に言います。

　can't help ＋ 〜ing は「〜せずにはいられない」という意味に
なります。

　Stanley は楽しく過ごしているようですし、flat な特徴を生か
して人助けをし有名にもなるのですが、やはり悩みもあったので
す。ある夜、弟 Arthur は兄の泣き声を耳にし、暗闇の中、兄の
ベッドに近づき、**"Are you okay?"**（p.63）と声をかけます。ぎ
くしゃくした関係がしばらく続いていたのですが、Arthur はこ
う話しかけます。**"Please let's be friends…" Arthur couldn't
help crying a little too.**

ここでも can't［couldn't］help + 〜ing が使われています。

> 例文
> ・His joke was so funny that I couldn't help laughing.（彼の冗談があまりにも面白くて笑わずにはいられなかった）

さて、兄弟は協力し合って、最後には Stanley が flat から元の状態に戻ることができるのですが、どのように？

＊＊＊

I bet 〜「きっと〜だ」

ある日、Lambchop 家に思いがけず米国大統領から電話がかかってきました。大統領は、かつて flat な Stanley が写真と共に新聞に掲載されているのを見たのでした。

大統領は電話口でこう言います。

"We have to get together, Lambchop! I'll send my private plane right now, fetch you all here to

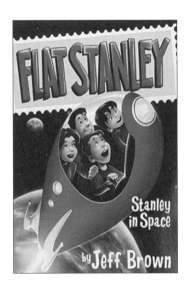

Flat Stanley: Stanley in Space

著者：Jeff Brown
出版社：HarperCollins Publishers

Washington, D.C." (p.7)

　Lambchop 一家は全員で White House を訪れることになりました。現地に到着すると、大統領が **"Bet you never thought when you woke up this morning that you'd get to meet me."** (p.9) と言いながら迎え入れてくれました。

　Bet から始まっていますが、主語の I が省略されています。I [I'll] bet ～で「きっと～だ（と断言する）」という意味になります。会話ではこのように I が省略されることもあります。I'm sure…に近い意味を表すことができます。

> 例文
> ・I bet it will rain tomorrow.（きっと明日は雨が降ると思うよ）

　大統領は、Tyrra という惑星の話を始めます。そこへはまだ人間は到達したことがないのですが、その惑星から、人間を招待したいというメッセージを受け取ったのだ、と大統領は言います。

　spaceship で Tyrra へ行ってくれる人を探している大統領は、flat だった Stanley の記事を新聞で読み、Stanley こそが適任者だと思ったのでした。この話を聞いて、Lambchop 一家はもちろん驚くのですが、最終的には Mr. Lambchop は、Stanley だけではなく、家族全員で Tyrra に行きたい、と申し出て（ここにもユニークでほのぼのとした Lambchop 家のキャラクターを垣間見ることができます）、この申し出がすんなりと受け入れられます。こうして、一家の宇宙旅行が始まります。

22 | 三人の少女たちの日常会話から英語に親しんでいけるシリーズ

　本書、p.36（難易度★）、p.103（難易度★★）でも紹介したCynthia Rylant の筆による人気シリーズ Cobble Street Cousinsから2冊紹介します。このシリーズは全6巻で構成されていますが、1巻ごとの読み切りなので、どの巻から読んでもかまいません。

　Cobble Street の Aunt Lucy の家に住む Lily、Rosieの姉妹と、彼女たちの従姉妹 Tess の三人のほのぼのとした日常生活を描いた、心温まる物語です。

It takes ＋（人）＋ 時間 ＋ to 不定詞

　ある日 Lily、Rosie、Tess は、Aunt Lucy のためにflower shop を作ることにしました。

　もちろん本物の flower shop ではありません。Aunt

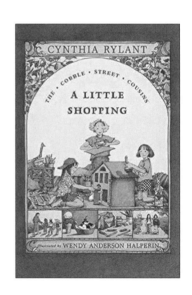

A Little Shopping
————
著者：Cynthia Rylant
出版社：Aladdin

Lucy は自分の flower shop を持っているので、それに似せた dollhouse（おもちゃの人形の家、小さな家の意）を作ろう、というわけです。

そこで、三人は材料を買うため、学校帰りにお友達の Michael を誘って一緒に craft shop に行くことにしました。ちなみに Michael は Aunt Lucy が心を寄せている（かもしれない）男性です。四人が The Olde Craft Shoppe に着くと、ちょっとしたアクシデントに遭遇し、Michael はその問題解決（？）のために外に残り、三人の少女たちは店の中に入ります。

It took the cousins about twenty minutes to find everything they needed.（p.31）

何かをするのにどれくらい時間がかかるかを表す際には、このように It を主語にし、不定詞を使って表すことができます。「誰にとって」時間がかかるかを言いたい場合は、takes の後に「人」が来ます。

例文

・It took me an hour to prepare dinner.（夕食を準備するのに1時間かかった）

・It takes many years to master a foreign language.（外国語を習得するには何年もかかる）

材料が揃うと、三人は、"…**worked secretly on Aunt Lucy's flower shop for several days.**"（p.38）完成すると、彼女たち

は Michael も招いて、いよいよ Aunt Lucy を surprise する日を迎えます。

＊＊＊

company＝「訪問客」

Lily、Rosie、Tess は、自分たちの新聞を作ることにしました。その新聞の名前は *The Cobble Street Courier* に決まりました。

The cousins worked on their newspaper all week after school, and by Saturday morning they were ready to make copies for the neighborhood.(p.26)

Some Good News
———
著者：Cynthia Rylant
出版社：Aladdin

三人で力を合わせて作った新聞は力作です。Aunt Lucy のコピー機でコピーをし、Aunt Lucy に第1号を一部渡しました。そして三人は街に出て行き、新聞を配布しました。受け取った人たちはみんな気に入ってくれたようです。

　しかし、三人は忘れていたことを1つ思い出します。Mrs. White に新聞をまだ渡していないのでした。三人は、最後の一部を持って Mrs. White を訪ねることにしました。

　3人はいつものように Michael（彼女たちは彼にインタビューし、その記事も彼女たちの新聞に掲載されています）を誘って、Mrs. White の家に向かいます。**Mrs. White was delighted to see everyone. Because she was ninety years old, she didn't get out to do much visiting herself.** とあり、この後に、**So she was always happy for company.**（p.42）とあります。

　company を「会社」と解釈すると、意味がわからなくなりますね。company には「仲間」という意味もありますし、「訪問客」（visitor、guest）という意味もあります（この文脈では後者の意味です）。

　なお、この意味では「不可算名詞」です。

> 例文
> ・I'm expecting company tomorrow.（明日、来客がある）
> ・I'm sorry, my father has company at the moment.（すみません、父は今接客中です）

　無事 Mrs. White に新聞を一部渡すことができ、さらにもう一人ご近所の男性が加わって、会話が意外な方向に展開しながら、とても楽しいお茶会が繰り広げられるのでした。

23 | 特殊な能力を持った少女が事件解決に奔走する！

　Cam Jansen という、子ども向けミステリー（児童書）シリーズから 1 冊紹介します。同シリーズは 1980 年～2014 年に 30 巻以上刊行されています。主人公の少女は、"Click" と言いながら景色を見ると、camera のように見たものを何でも記憶してしまう特殊な記憶能力を持っているので Cam Jansen と呼ばれています（本名は Jennifer）。そんな能力を生かして、友人の Eric Shelton とさまざまな謎解きを繰り広げるシリーズです。

better（=had better）の使い方

　Cam と友人の Eric は shopping mall のベンチに座り、Eric の弟の子守をしていると、急に非常ベルの大きな音が聞こえてきました。

　それは宝石店の非常ベルで

Cam Jansen: the Mystery of the Stolen Diamonds #1

著者：David A. Adler
出版社：Puffin Books

した。この店からダイアが盗まれたのです。宝石店の中から一人の男が飛び出してきます。

He was in a real hurry. He pushed people aside—including Eric. Cam looked straight at the man and said, "Click."（p.8）

こうしてまずはこの男を記憶する Cam。どうもこの男が怪しいと Cam は思ったのでしょう。

次に、赤ちゃんを抱いた女性と、baby rattle を持った男性のカップルが出てきて、Cam はこのカップルも "Click" で記憶に留めます。

やがて警察が到着し、二人の警官が宝石店に入っていきます。

"They better hurry," Cam said, "or they won't catch the man who ran out."（p.15）

前半の They better hurry. ですが、こんなところに better という語が入っているのが不自然だと思った人もいるでしょう。

この better は had better のことなのです。They had better が、話し言葉では They'd better となり、さらにこの「'd」はもともと弱く発音されるので、会話ではこれも脱落して better だけになることもあるのです。「had better + V の原形」で「V すべきである（したほうがよい）」という意味になります。たいていは「そうしなければ悪いことが起こる」という含意が伴います。

本文でも **or they won't catch the man who ran out.** となっていますね。また、特に主語が二人称（you）の場合、文脈に

よっては警告や脅しの意味を含むこともあるので、目上の人に対しては用いないほうが無難でしょう。否定形は「had better not + V の原形」で「V しないほうがいい」となります。

> 例文
> ・Your brother looks pale. He better see a doctor.（弟さんの顔色が悪いね。医者に診てもらったほうがいい）
> ・You better keep your mouth shut.（黙っていたほうがいいぞ）
> ＊「このことを喋ったらひどい目に遭うぞ」という含みがある

　先ほどの Cam のセリフにある "**the man who ran out**" というのは、Cam が記憶に留めた、最初に店から走り去ったあの男です。他の目撃者たちの証言も加わり、警察はその男を探し始めます。

　やがてその男が逮捕され、事件は無事「解決」ということになりそうだったのですが、実はそうなりません。

　その男は警察に連れられて宝石店に入ってきますが、しばらくしてその男は警察と一緒に店外に出ると、釈放されたのです。

　さらに、その男は最初に店を（ものすごい勢いで飛び出して）走って行った方向とは違う方向に歩いていきました。この様子をずっと見ていた Cam と Eric は "**Something strange is going on.**"（p.30）と思い、この男を追跡することにします。そしてこの男が辿り着いた先で Cam たちが目にしたものは…。

24 | 同じ単語が1ページのなかで 違う意味で使われている例

Oxford Bookworms Library から1冊紹介します。

今回紹介するこの本は、3つの短編で構成されています。その中から、"Invitation to Tea" を紹介します。

cupboard の2つの意味

主人公の少女は高校に入学し、Pat という少女と知り合い、次第に仲良くなり、一緒に下校するようになりました。途中で Pat は別の street を曲がっていくのですが、ある日、二人がいつも別れる角まで来た時に、主人公は Pat から「うちに来てお茶でもどう?」と誘われます(タイトルの "Invitation to Tea" に繋がっていくわけです)。

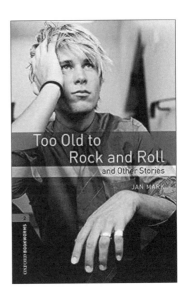

Too Old to Rock and Roll

著者:Jan Mark (retold by Diane Mowat)
出版社:Oxford University Press

In those days, when a

schoolfriend invited you home to tea, it was a meal at a table, with bread and butter. (p.20)

　主人公は（まずは親に許可を得なければいけないと思ったのか）即決はせず、帰宅して母にこのことを話します。

　母から許可を得て（「6時半までには帰宅すること」を条件に）、金曜日の夜に Pat の家を訪ねることになりました。その日、二人は一緒にフランス語の宿題をやりながら下校しますが、あまりにも夢中になっていた主人公はふと顔を上げると、ある丘の上まで来ていることにやっと気づきます。

　その時、Pat が Rockingham Crescent に住んでいることを知ります。Rockingham Crescent は丘の頂上にあり、丘の麓に住む人々（主人公を含む）にとっては、見ることも実際に訪れることもないエリアでした。

　しかし主人公は以前一度だけ、自転車でこのエリアに来たことがあったのでした。古くて高層な住宅が立ち並び、さまざまな植物に溢れており、見渡す限り人の姿はなく、聞こえてくるのは鳥の歌声だけで、それを主人公は 'Gardens of Babylon' にたとえ、世界で最も美しい場所の1つだと思っていたのです。今回3年ぶりに Rockingham Crescent に来てみて、初めて見た時と変わらず、全てが美しく見えました。

　しかし、Pat の家に着いて主人公の目に飛び込んできたのは、古い自転車やタイヤ、ビンなどがたくさん置かれている前庭。そして埃を被っている壊れた窓。暗くて狭い廊下を通って家の中に入ってみると…。この後の描写はぜひ実際に読んでみてください。

　とにかく家が非常に質素で劣悪な状態にあることが示唆されて

おり、主人公は驚きます。

　Pat がお茶の準備をするために部屋を出ていき、その間に主人公はサッと部屋を見渡します。

There was a cupboard with some cups and plates in it, and a little food. There was another, bigger cupboard with a small bed in it⋯（p.23）

　ここで cupboard が 2 回使われていますが、最初に登場するのは「食器棚」の意味で、学校ではその意味で教わることが多いので恐らく皆さんもよくご存じだと思います。

　その次が **cupboard with a small bed in it** となっており、ベッドが入るような食器棚はないので、これは何だろう、と思う方もいるかもしれません。

　イギリス英語では cupboard は「（衣類・食物用）戸棚、物置、納戸」（アメリカ英語でいう closet）の意味で使うこともあるのです。ちなみにこの意味での cupboard は *Harry Potter and the Philosopher's Stone* にも登場します。主人公の Harry Potter が Dursley 夫妻の家で寝泊まりしていたのが cupboard under the stairs でした。

　まだ 6 時 20 分前だというのに何となく Pat に帰宅を急かされているような気がしてならない主人公。そして会話もあまり弾まないので帰途につくことにします。

　その時、誰かが階上にやって来る足音が。Pat は unhappy な表情を浮かべています。

The door opened and a woman came in. Behind her there was a little boy of about five. The boy was tired, the woman looked only half alive.（p.26）

　この女性は Pat の母親だったのですが、主人公はこの女性と握手をするとすぐに外に出ました。その後、家の中から Pat を叱る母の声が聞こえます。

　急いでその場を立ち去り、帰宅する主人公。随分早く帰宅した主人公に対して母親は 'Did you have a nice time?' と尋ね、'Oh, yes. Wonderful!' と答える主人公（p.29）。

　このように、本当のことは言わずにちょっとごまかす主人公や、Pat が母親に叱られる場面（それなのになぜあえて友達を家に招いたのか）の描写を読むと、決して happy なストーリーではないのですが、私は二人の少女たちの気持ちがよくわかり、童心に返ったような気がしました。

Column 6
アメリカ英語 vs イギリス英語

「アメリカ英語を学んだほうがいいか、それともイギリス英語?」というのは、私自身も(特に高校留学で渡米する前は)迷っていたことです。この2つの英語の間にはそれほど大きな違いがあるとは思いません。

　文法はほとんど大きな違いはありません。両者の間で「発音」はそれぞれに特徴があり、違いもあります。しかしこれも意思疎通に支障をきたすほどの違いがあるとは思いません。アメリカ英語をお手本に選んで発音練習したからといって、イギリス人に話しかけて「通じない」ということはほぼないのです。あるとすれば、発音そのものが間違っている可能性のほうが高く、アメリカ式かイギリス式か、という問題ではないことが多いようです。英語母語話者の英語をお手本にして、発音練習に励むことが先決です。

　語彙についても、米・英で多少の違いはあります。しかし、いわゆる「文豪」と呼ばれるような作家の作品を読んでいると、アメリカ人作家が文章中にイギリス英語的な表現や語法を用いることも珍しくないということに気づきます。アメリカ人作家は、職業上、イギリスの作家の詩や小説をたくさん読んでいることが多いので、そこからイギリス語法に自然に影響されることもあるのでしょう。私が高校時代から仲良くしているアメリカ人の友人(政治ジャーナリスト)は、仕事柄、新聞や本をよく読みますが、彼は、"There is plenty of overlap between British and American usage, especially in educated, literary people." と言っています。アメリカ英語とイギリス英語の違いにそれほど神経質になる必要はなさそうです。

25 | 19世紀の文豪たちの小説を retold 版で

再度 Oxford Bookworms Library シリーズから、同シリーズ難易度 Stage 3 の 2 冊をご紹介します。

Oscar Wilde（1854 ～ 1900）は、アイルランド出身の詩人、作家、劇作家です。Wilde は喜劇、悲劇、小説、童話、詩、評論など、多彩な文筆活動を展開しました。

ここでご紹介するのは、Wilde の長編小説 *The Picture of Dorian Gray* の retold 版です。

画家である Basil Hallward は友人 Lord Henry Wotton に、自分の作品の 1 つを見せています。

それは Basil の友人である美青年 Dorian Gray をモデルに描いた肖像画です。Lord Henry は、ぜひ Dorian

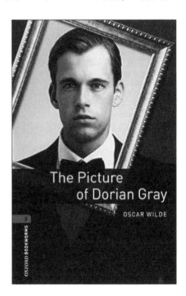

The Picture of Dorian Gray

著者：Oscar Wilde
（retold by Jill Nevile）
出版社：Oxford University Press
CEFR A2-B1

Gray と会わせてくれ、と Basil に頼みます。

　Basil は Lord Henry に Dorian を紹介するのを頑なに拒否します。'**Dorian Gray is my dearest friend,**' he said quietly. '**He's a good person and he's young ― only twenty. Don't change him. Don't try to influence him. Your clever words are very amusing, of course, but you laugh at serious things. Don't take him away from me. He's necessary to my life as an artist.**' （p.7） と Basil は言います。

　この Basil のセリフは原作では次のようになっています。'Dorian Gray is my dearest friend,' he said.　'He has a simple and a beautiful nature. ［中略］ Don't spoil him. Don't try to influence him. Your influence would be bad. ［中略］ Don't take away from me the one person who gives to my art whatever charm it possesses: my life as an artist depends on him…' （Penguin Classics, 2003, p.16 〜 17）

　このように retold 版と原作を比較して読んでみるのも面白いです。原作では難しくてよく理解できない箇所が、retold 版を読むとすっきりする場合もありますし、retold 版で簡略化（あるいは省略）されている部分が、原作を読むことによって補完できることもあります。少しずつ原作に挑戦してみましょう。

　さて、Basil が心配していたとおり、Dorian は Lord Henry の軽妙な話術に魅せられ、影響を受け、やがて舞台女優 Sybil と恋に落ち、婚約します。ここから徐々に Dorian の人生は意外な方向に進み出します（良い方向に？　それとも悪い方向に？）。

＊＊＊

著者 Frances Eliza Hodgson Burnett（1849 ～ 1924）はイギリ
ス生まれで、後にアメリカに移住し活躍した女性小説家、劇作家
です。彼女の作品 *A Little Princess*（日本では「小公女セーラ」
として知られています）も Oxford Bookworms Library シリー
ズの中に入っています（Stage 1）。

今回ご紹介する *The Secret
Garden* の 主 人 公 Mary
Lennox は、イギリス植民地
時代のインド生まれの 9 歳の
少女。父は British official と
して多忙を極め、母はパー
ティ三昧（spent all her time
going to parties）で、Mary
のことはほったらかし。彼
女の世話は全て servant た
ちが行い、その結果彼女は
selfish、disagreeable、そし
て bad-tempered な子どもに
なってしまいました。

そんな彼女の生活は、コレ
ラの流行のため一変します。
両親と servant たちは次々と

The Secret Garden

———

著者：Frances Hodgson Burnett
（retold by Clare West）
出版社：Oxford University Press

亡くなり、Mary は一人ぼっちになります。

　やがて彼女は英国 Yorkshire に住む伯父 Mr Craven に引き取られます。

　Mary を迎えたのは、Mr Craven 邸の housekeeper である Mrs Medlock でした。

'This is your room,' said Mrs Medlock. 'Go to bed when you've had some supper. And remember, you must stay in your room! Mr Craven doesn't want you to wander all over the house!' (p. 9)

　この地においても一人ぼっちの Mary は、相変わらずずっと心を閉ざしたままでいました。インドにいた頃は身の回りのことは何でも servant がやってくれ、自分のことは何一つ自分でできないままでいた Mary も、Craven 邸ではそれは通用しません。

　家の周りの美しい自然に少しずつ魅せられ、散歩に出かけ、鳥や花と親しむようになります。

　ある日、Mary は家の中で不思議な泣き声を耳にします。Mary は家の中を彷徨い、ついにその声の主を発見します。その人物やさまざまな人達との出会い、そして secret garden の発見によって、Mary は少しずつ精神的に成長していきます。

26 │ バラク・オバマについての 伝記をやさしい英語で読む

　Grosset & Dunlap（Penguin Group）が刊行している Who Was（Is）…? シリーズから1冊紹介します。古今東西のさまざまな大物たち（歴史的人物、科学者、政治家、芸能人等）の、やさしい英語で書かれた伝記です。

　第44代（任期2009年～2017年）アメリカ合衆国大統領 Barack Obama について紹介している *Who Is Barack Obama?* を紹介します。

　Barack Obama は、ケニア出身の父（父の名前も Obama）と、母 Ann の間にハワイで生まれました。オバマ大統領は少年時代には Barack ではなく、Barry と呼ばれていました。両親の出会いについては次のように述べられています。

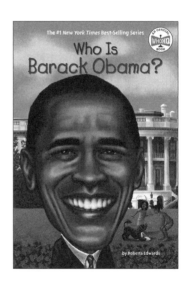

Who Is Barack Obama?
———
著者：Roberta Edwards
出版社：Grosset & Dunlap

Ann and Barack met, fell in love, and got married. There is nothing unusual about that except this happened in 1961. Ann was white; Barack was black. Back then, very few people of different races decided to marry each other. In fact, in some states, it was illegal!（p. 7）

州によっては異人種間の結婚が違法であったという時代もあったのです。しかし、**Ann's parents were fairly open-minded people. They accepted their new son-in-law.**（p. 7）とあります。そして、Barry が 2 歳の時、両親は離婚し、母 Ann はインドネシア出身の Lolo と再婚します。Barry は 6 歳から 10 歳まで、ジャカルタに住み、現地の小学校に通います。

このような家庭環境や当時の社会背景から、彼は人種問題や弱者救済について深く考えるようになり、行動する人になったのだと思います。彼の生い立ちから、弁護士、イリノイ州議会上院議員、合衆国上院議員を経て、大統領に選ばれるまでの道筋が明瞭な英語でわかりやすく述べられています。

他にも 100 タイトル以上あるこのシリーズから、きっとあなたが尊敬する人、気になる人の伝記が見つかると思います。そういう人の伝記なら楽しく、夢中になって読めると思います。

27 │ 少女の心の機微をとらえた 児童文学

　英国の児童文学作家 Jacqueline Wilson の人気作 *Lizzie Zipmouth* を紹介します。

　Wilson は優れた児童文学作品に与えられる Guardian Award と Nestlé Smarties Book Prize を受賞しています。

動名詞の意味上の主語

　タイトルがそのまま主人公の名前になっています。

　もちろん Zipmouth というのは本名ではなく「あだ名」で造語ですが、表紙のイラストから想像できますね。mouth が zip で閉じられています。なぜこのようなあだ名が付けられたかは読み進めていくうちにわかってきます。

　Lizzie は母と二人きりで暮らしています。ある日、Mum（母）が Sam という男

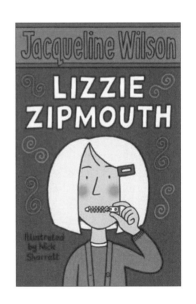

Lizzie Zipmouth
———
Jacqueline Wilson 著
出版社：Corgi

性と再婚することになり、Sam の二人の息子 Rory、Jake も加わって、新しい生活（家庭）が始まろうとしています。

　実は母にとってはこれが2回目の再婚で、1回目の stepdad に対して Lizzie は嫌な思い出しかなく、この度の Mum の2回目の再婚に対しても警戒している様子が読み取れます。そして何よりも Mum と二人の静かで幸せな生活を邪魔されたくないという気持ちが強かったのではないかと思います。

"I don't want to be a big family," I said. "I want to be a little family. Just you and me in our own flat."（p.9）

　やがて Sam の家での生活が始まりますが、Mum と Sam はとても仲が良くて楽しそう。Mum は Rory と Jake とも楽しい時を過ごしています。Jake は Beanie Babies（ぬいぐるみの一種）を持ち歩いています。Mum は Lizzie が Barbie doll を欲しいと言っても、それらは girly 過ぎるという理由で買ってくれなかったのに、

Mum didn't mind him having his Beanie Babies.（p.15）

　動名詞（〜 ing）にその動作や状態の主語にあたるものがあり、その主語と、文全体の主語が異なる場合には、動名詞の意味上の主語を置く必要があります。

　この文の場合、him が動名詞 having の意味上の主語になります。これがないと、つまり Mum didn't mind having his Beanie Babies. だと、having するのは文の主語 Mum ということになり

「Mum は（自身が）彼の Beanie Babies を持つことを気にしなかった」となってしまいます。

　しかしここでは having するのは him（=Jake）なので、having の直前に him を置くことにより「Mum は彼が Beanie Babies を持つことを気にしなかった」という意味になるのです。意味上の主語は、代名詞の場合は所有格か目的格を、一般の名詞はそのまま動名詞の直前に置きます。

> 例文
>
> ・My mother doesn't like me staying up late.（母は私が夜遅くまで起きているのを嫌がる）
>
> ・I'm sure of John passing the examination.（私はジョンが試験に合格することを確信している）

　Lizzie はこの新たな生活が本当に嫌で、ついに「誰とも口をきかない」と固く決意し、誰に何を言われても応答しなくなります。そんな彼女を見て **"Why don't you ever say anything, Lizzie?" said Rory. "It's like you've got a zip across your mouth."** / **"Little Zipmouth," said Jake.**（p.21）

　さて、ある日、みんなで Sam の grandma の家を訪ねることになります。grandma はとても strict な人で、Sam と彼の息子たちはこの grandma のことを少し怖がっているようなのですが、実は Lizzie の閉ざされた心（と口）が少しずつ開かれていくきっかけとなるのがこの grandma でした。Lizzie と grandma の心が通い合うようになった頃、grandma は病気になって入院することになります。

　Lizzie はこれまでの Mum との二人きりの静かな生活に邪魔（Sam や彼の息子たち）が入ったことで戸惑い、疎外感を抱き、そして怒りの表明として、誰とも口をきかなくなったのでしょう。作者 Jacqueline Wilson は多作な作家ですが、作品の主人公は 10 代の少女であることが多く、少女たちの繊細な心の動きを描くのが本当に上手だと思います。大人が読んでも心を動かされる作品が多く、私は大人の方々にもぜひ読んでいただきたいと思っています。

Column 7
英語で日記をつけてみよう

　英語の「アウトプット」（話す・書く）力を向上させるために（すぐに英語を使う環境があるのが理想的ですが、そうでない場合）一番良い方法は英語で日記をつけることだと私は思っています。できれば同じ単語や表現ばかり使わず、同じことを表すにしても少し表現を変えたり、同義語を使ったりすると、さらに急速に会話や作文の力がついていきます。

　例えば、いつも I think…と書く代わりに、think を guess、believe、feel、consider、find、assume…に変えてみるとか、さらに I'm of the opinion that…、I'm under the impression that… を使ってみるという具合に。こういう時に英和辞書はもちろんのこと、類語辞典（thesaurus）を使うといいでしょう。私のおすすめは *Longman Collocations Dictionary* and Thesaurus (Pearson Education Ltd., 2013) です（Column 1 でも紹介しています）。

「添削してもらえずに書き続けて意味（効果）があるか？」という質問もよく受けます。もちろん、添削してもらえるなら、してもらったほうがいいでしょう。しかし添削してもらえなくても、自分にとって本当に言いたいことや必要な語を辞書で調べるというだけでも充分勉強になります。そして、きちんと文法に気を付けて書く（話す）習慣が身につきます。

　添削してくれる人がいなくても書き続け、しばらく（数ヶ月、数年）後に読み返してみましょう。読み返して自分の間違いに気づくこともあり（文法、単語、構文等）、気づいたら自分で直す、というのも勉強になります。「気づく」ということは「上達」している証拠です。

28 『穴』で有名なルイス・サッカーが 少年の日常生活をユニークに描く

　アメリカの児童文学作家、Louis Sachar の人気シリーズ Marvin Redpost から 3 冊紹介します。このシリーズは 8 巻で成り立っています。Marvin は小学 3 年生の男の子で、彼の学校や家庭の生活がユーモアたっぷりに描かれています。Sachar は *Holes*（『穴／ HOLES』というタイトルで翻訳が出ています）という作品で 1999 年にニューベリー賞を受賞しています。

the ＋ 比較級〜 , the ＋ 比較級…

　本を読み始める前に、タイトルの意味を考えてみましょう。表紙のイラストがヒントになることもあります。タイトルの意味をおさえておくことは、話の展開を予想し、話を正しく理解する手助けになります。

　このイラストでは、中央にいる Marvin を多くの人が指

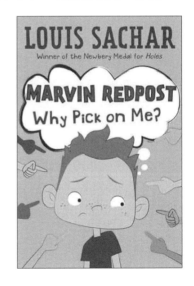

Why Pick on Me?
(Marvin Redpost #2)

著者：Louis Sachar
出版社：Random House Books for Young Readers

を差していて、Marvin は不快そうな顔をしています。「pick on ＋ 人」で「＜人＞をいじめる」という意味になります。

　ある日、学校で Marvin のクラスメートの Clarence が Marvin に向かって **"You were picking your nose!"**（p.9）とからかったことが発端になり、クラスのみんなも Clarence に同調して Marvin をからかうようになりました。

　この pick one's nose というのは「鼻をほじる」という意味ですが、作者はここに繋げるためにあえてタイトルにも pick on という熟語を使ったのかな、とふと思ってしまいました。

　さて、Marvin は当然これを否定して回ります。

But the more he talked about it, the more the other kids teased him about it.（p.16）

「the ＋ 比較級〜, the ＋ 比較級…」で「〜すればするほど（ますます）…」という意味になります。この後、Marvin が帰宅して母親に言うセリフ **"The more you say you don't pick your nose, the more everyone thinks you do."**（p.45）の中にもこの構文が使われています。

┃　例文
┃
┃　・The older my father got, the more stubborn he became.（父は歳を取れば取るほど、頑固になった）
┃　・The sooner, the better.（早ければ早いほうがいい／早いに越したことがない）

　クラスメートのほぼ全員から言葉によるいじめを受けて意気消沈している Marvin は、正直にこの件を家族に話します（実は話さざるをえない状況に追い込まれたのですが）。

　この Marvin Redpost シリーズをすべて読んで私がまず心惹かれたのが、Marvin の家族（父母、兄、妹）がいつも彼の話や悩みを真剣に聞いてくれて、何とか力になろうとしてくれるという点です。

　今回も妹が何気なく発した一言がきっかけとなり、Marvin は良い考えを思いつきます。翌朝、いつもより早く学校に行く Marvin。

　この後、具体的に彼はどのような行動に出て、どのような結末（解決）を迎えるのか、ぜひ最後まで読んでみてください。

　最後に「the ＋ 比較級〜 , the ＋ 比較級…」を含む文を本文からもう1つ。子ども（いや、大人も含む人間全体）をよく観察している作者 Sachar らしい（そしてこの後の Marvin の行動を予想する上でも重要な）記述です。

The kids usually weren't mean to him when they were alone. It was only when they were in a group. The bigger the group, the meaner they acted.（p.53）

＊ ＊ ＊

must have + 過去分詞　「〜したに違いない」

　Marvin のクラスメートに Casey Happleton という変わった女の子がいるのですが、ある日、彼女は「自分の肘の外側のhard な箇所（内側の soft な箇所ではなく）にキスすると、男子は女子に、女子は男子に変わる（turn into）のだ」と言います。Marvin は、半信半疑ながらも試してみたくなり、帰宅してから自分の肘にキスしようとしますが、なかなか唇が届きません。ところが、予期せぬハプニングで彼の唇が肘に触れてしまいます。

　彼はその夜、眠りに就いても何度も自分が女の子になった夢を見て、うなされて起きてしまいます。

　これらの夢についてはとてもユニークでついクスッとしてしまいます。例えば、夢の中で、クラスメートの女の子たちに slumber party に誘われるシーンがあります。slumber party（pajama party とも言います）とは、パジャマ持参で友人宅に集まり、泊まり込みで遊ぶことなのですが、主に 10 代の女子の間で流行っています。その夢の中で、**"We can**

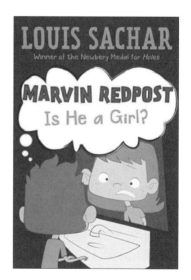

Is He a Girl?
(Marvin Redpost #3)

著者：Louis Sachar
出版社:Random House Books for Young Readers

stay up late and paint each other's toenails." と女子に言われ、Marvin は "**No!**" と叫んだところで目が覚めます（p.43）。

彼は起きてから鏡で自分の姿を見ているうちに、自分が女の子に変わりつつあるのではないかと思い始めます。そこで、妹の Linzy に "**Do I look like a girl?**" と尋ねてみます。すると驚いたことに "**Yes**" と答える Linzy。

これを聞いて Marvin が怒り出すと、Linzy は泣きながら、"**You look like a boy**" と訂正します。

ではなぜさっきは Yes と答えたのでしょう？ "**You must have had a reason**" と Marvin は言います（p.51-52）。

この助動詞 must は「〜しなければならない」の他、「〜に違いない」という意味（強い確信を表す）もあります。過去における強い確信「〜だったに違いない」と言いたい時は「must have + 過去分詞」という形になります。

> 例文
> ・You must be busy.（あなたは忙しいに違いない）
> ・You must have been busy.（あなたは忙しかったに違いない）
> ・The witness must know the truth.（その目撃者は真実を知っているに違いない）
> ・The witness must have known the truth.（その目撃者は真実を知っていたに違いない）

Linzy の意見は当てにならず、Marvin は次第に自分でも女の子に変わってしまったように思えてきます。Marvin の思い込み

でしょうか、それとも本当に女の子になってしまったのでしょう
か。少なくとも Marvin の行動やクラスメートたちとの接し方は
これまでとはちょっと違うように思います。

　男の子、女の子「あるある」的な描写が所々にちりばめられて
おり、Sachar の深い洞察にあらためて感銘を受けました。

　物語の最後で、Marvin が普段いじめられて一人ぼっちでいる
クラスメートの Patsy Gatsby という女の子と会話する場面があ
るのですが、私はこの場面を読んで心が温まりました。

＊＊＊

go ＋ 形容詞　〜（の状態）になる

　Marvin の ク ラ ス の 担 任 Mrs. North が、**"You will have a
substitute teacher tomorrow"** と教室で発表します。

　substitute teacher というのは「代用教員」のことで、アメリ
カの学校では先生が出張や用事で不在の時や年休を取る時には
substitute teacher を校外から雇うことができます（イギリスで
は supply teacher と呼ぶようです。p.83 参照）。

　Mrs. North は所用で 1 週間不在となります。そこで、思いが
けず Marvin は、Mrs. North に頼まれて、先生の愛犬 Waldo の
世話をすることになりました。Marvin は Mrs. North がクラス
の中で最も信頼している生徒のようです。Mrs. North の家に着き、
Marvin は chocolate chips をすすめられます。

"Would you like something to eat?" she [Mrs. North] asked. "I've got chocolate chip cookies."

"No, thank you."

"I'll be gone a week. They'll go stale if nobody eats them." (p.26)

　go + 形容詞で「〜（の状態）になる」という意味になります（この場合の go は become の意味）。大概は「好ましくない」状態になる場合に使われます。stale は「＜飲食物が＞古くなった、新鮮でない（⇔ fresh）、＜パン・ケーキなどが＞堅くなった」という意味の形容詞です。

　飲み物にも使えますので、例えば、This soda is stale. というと「このソーダは気が抜けている」という意味になります。

例文

・The milk will go sour quickly if you don't keep it in a refrigerator.（ミルクは冷蔵庫で保存しないとすぐに腐ってしまうよ）

＊「腐る」は go bad、go off とも言います。

・Many companies went

Alone in His Teacher's House
(Marvin Redpost #4)
————
著者：Louis Sachar
出版社:Random House Books for Young Readers

bankrupt in the recession.（不況で多くの会社が倒産した）

＊「倒産する」は go bust とも言います。

　go は他にもさまざまな意味、用法があり、多くの英和辞書は go に関する記述だけで 10 ページ近くを使っています。ぜひこの機会に辞書で go を引いてみてください。

　Marvin はこの日から毎日 Mrs. North の家に行き、Waldo の世話をします。しかしこの仕事は決してやさしいものではありませんでした。Waldo は dog food をなかなか食べようとしない上、散歩に連れ出そうとしても歩こうとしないのです。

　Marvin は心配になり、vet（veterinarian の略で「獣医」）に相談します。解決策を教えてもらい、事態は好転するかに思えたのですが、ある朝、いつものように Marvin が Mrs. North の家に行ってみると、Waldo の姿が見当たりません。家じゅうを探し回り、ベッドの下を見ると、そこには変わり果てた姿の Waldo が…。いったい何が起きたのでしょうか。そして、この事態を Mrs. North はどう受け止めるでしょうか。

29 | 英会話でも使える表現が盛り だくさんの児童書シリーズ

　アメリカの児童書 Dear Dumb Diary シリーズから 2 冊紹介します。主人公の Jamie という 13 歳の女の子の日記の設定になっており、Jamie は日々の日記を Dear Dumb Diary というふうに、架空の人に「手紙」を書いているような感じで始めます。学校での授業風景や宿題、友達や家族のことなど、子どもの日常が描かれています。

in case 〜

　Jamie の生活はさまざまなアクシデントやユニークな出来事に満ちていて、決して退屈することなく、自然と日記もユーモアに溢れた内容になっています。

　ある日、学校で体調が悪くなった Jamie は school nurse（日本の学校の「保健医」に相当）に行くことになります。その原因を彼女は、**"I think**

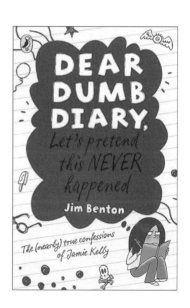

Dear Dumb Diary: Let's
Pretend This Never Happened
———
著者：Jim Benton
出版社：Puffin Books

Mom may have accidentally poisoned me with some sort of mushy noodley stuff we had with dinner last night…"（p.28）と言っています。さて、school nurse のもとへ行った結果、どのようなことが判明したのでしょうか。

And in case you're worried, Dumb Diary, it turns out I wasn't poisoned after all.（p.30）

in case ～で「～だといけないから」「～の場合に備えて」という意味になります。高校の教科書にも出てきますし、日常でもよく使われます。高校ではこれと同じ意味で lest ～も習うと思いますが、lest は古風な文語体で、現代（特に会話）では in case のほうが使われます。in case の後には文（SV ～）が続きます（動詞は直説法現在、should ＋原形、仮定法過去のいずれかになります）。

例文

・Take your umbrella in case it rains［lest it rains］.（雨が降るといけないから傘を持って行きなさい）

先ほど引用した文の、it turns out（that）～は「～であることがわかる」、after all は「結局は」という意味です。皆さんも日記を書く際に使ってみてください。

＊＊＊

get off one's back

Jamie のある日曜日の日記を読んでみましょう。

It's Sunday. Also known as Homework Day. Every weekend I tell myself that I'm going to finish my homework when I get home on Friday afternoon, and then I tell myself I'm going to do it Saturday morning, and then I tell myself I'll do it Saturday night, and then I tell myself to get off my back, and why am I always nagging myself, and then I call myself a name and have to apologize to myself. (p.23)

こういう「宿題」をめぐる似たような思い出を持っている人は、読んでいてついクスッと笑ってしまうのではないでしょうか。get off one's back は「〈人〉を悩ますのをやめる、〈人〉のじゃまをしない」という意味です。

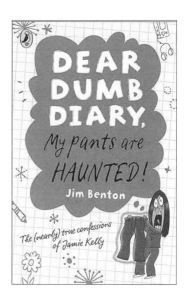

Dear Dumb Diary:
My Pants are Haunted
———
著者：Jim Benton
出版社：Puffin Books

例文
・Get off my back!（ほっ

‖ といてくれ！）

bite one's head off

　宿題に関する記述は Jamie の日記にはよく登場します。数日後の日記には、次のように記されています。

　…I fell asleep last night without finishing my science homework. Which means, as predicted, that Mrs Palmer bit my head off.（p.40）

　bit は bite の過去形です。bite one's head off は直訳すると「〈人〉の頭を噛んで外す」となりますが、もちろんそんな恐ろしい意味で使う人はいません。これは「〈人〉に（理由もなく）食ってかかる、当たり散らす」（to talk to someone very angrily with no good reason）という意味で、会話でよく使われます。

‖ 例文
‖ ・Don't bite my head off.（私に食ってかからないでよ）
‖ ・I offered to help my sister, but she just bit my head off.（妹に手助けを申し出たが、彼女はただ私に食ってかかってきた）

　Dear Dumb Diary は、このように口語表現の宝庫で、すぐにでも日記や会話で使えそうな表現にたくさん出会えます。気になる表現や、いつか使ってみたいと思う表現に出会ったらノートに書き写しておくことをおすすめします。

Column 8
音読のコツ

　今回は、上手に音読するためのポイントをお話しします。「機能語」と「内容語」を意識してみましょう。

　機能語とは、人称代名詞、助動詞、前置詞、冠詞、接続詞、関係代名詞、be 動詞のことです。内容語とは、名詞、動詞（一般動詞）、形容詞、副詞、指示代名詞、所有代名詞、疑問詞、再帰代名詞を指します。原則、「内容語」に強勢を置いて（はっきり、強く）読み、「機能語」は目立たないようにサラッと弱く読みます。このことに留意するだけでも、相手に伝わりやすい英語を話すことができるようになるのは言うまでもありませんが、聞き取りの力も向上します。

　英語のニュースや誰かの発言を聞いていて、全ての語句が聞き取れなくても、はっきり聞こえてくる内容語を繋ぎ合わせていくと情報は把握できるようになりますし、逆に機能語が聞き取れなくても、そこには重要なメッセージがないから聞き取れなくても問題はない、ということにもなります。

　基本的には内容語は強く、機能語は弱く発音されますが、話し手の感情や状況によっては（どうしても伝えたい必要があって）機能語が強く発音されることも皆無ではありません。やはりお手本の朗読によく耳を傾けることが肝要です。本書で紹介している本の多くは朗読音声が付いています（本に CD が梱包されていたり、出版社のサイトから音声をダウンロードできたりします）。ぜひ朗読も聞いてみてください。お手本の通り発音していけば、自然に（基本的には）内容語が強く、機能語が弱く発音されているのに気づくことでしょう。これだけでもあなたの音読（や聞き取り）の力は一歩前進です。

30 | 文語的な表現にもトライ！
1万語以上の語数もスラスラいける

　アメリカの児童書 Dragon Slayers' Academy シリーズから2冊紹介します。このシリーズは20巻で構成されています。語数は1巻あたり1万語以上で（一番多くて2万語）、イラストは少なめです。また、「受験英語」で学ぶ単語や構文の他、やや文語的（古風）な表現もたまに登場します。しかし、これは児童書ですので、そのような文語的な表現も英語母語話者の子どもたちは知っている（理解できる）ということになるでしょう。いずれにせよ、本書で取りあげる本の中では一番「難しい」レベルになり、大人の方にとっても読みごたえのあるレベルになります。

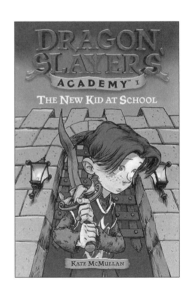

The New Kid at School
(Dragon Slayers' Academy #1)
———
著者：Kate McMullan
出版社：Grosset & Dunlap

　主人公の Wiglaf は、小さくて気の弱い少年ですが、ある日、ひょんなことから dragon を退治する勇者を育てる学校 Dragon Slayers'

Academy に入学することになります。私は Harry Potter を思い出しながら読みました。

　Wiglaf 少年は、父 Fergus、母 Molwena、そして 12 人の兄弟と共に Pinwick という村に住んでいました。一家は貧しい農家です。

　ある冬の寒い日に、自称 **"a poor minstrel"** という男が訪ねてきて、泊めて欲しいと言います。父 Fergus は断ろうとしますが、Wiglaf は寒さに震えているこの minstrel に同情したのか、父を説得し、何とかこの minstrel は泊まらせてもらうことになります。本文では、**a roof over my head**（p.4）となっています。

　これはよく、have a［no］roof over one's head で「住む家がある［ない］」という意味で使われますが、この文脈のように家だけでなく「泊まるところ」を表す時にも使えるのですね。

　Wiglaf は、minstrel を寝室（といっても「豚小屋」なのですが）に案内します。「豚小屋」は、本文では最初 pigsty、その後では sty と表されています。このように、英語の読み物を読んでいると、同じ事物を表す際に、同じ語（や表現）ばかり使わず、別の同義語が使われていることによく気づきます。たいていの場合は文脈から判断がつきます。

　本文では、pigsty に pig という語が含まれていますし、sty という語が出て来る前に **"You are lucky to bed out here with the pigs,"Wiglaf told him.**（p.5）という文があり、pigsty（sty）が何であるか想像できます。ちなみに、ここで Wiglaf はなぜ lucky という語を使っているのでしょう。この後、Wiglaf は次のように言います。

"The sty smells far better than our hovel, for my father believes that bathing causes madness."

"And far better company than my brothers. They only like to fight and bloody each other's noses." (p.6)

　さらに、その pigsty にいる Daisy という a plump young pig が自分にとっては best friend だと言います。Wiglaf の家族はとても変わった人たちであり、彼は家族の中でもちょっと浮いた存在であることがわかります。

　このように二人で話しているうちに、Wiglaf は minstrel に対して心を開くようになり、"…sometimes I dream that one day I will become a mighty hero." (p.6) という、恐らく家族には話したことがないであろう密かな夢を語るのでした。

Would you care to ～ ?

　先ほどの Wiglaf の言葉を聞いて、minstrel は "Now, my boy, I know some tales of mighty heroes. Would you care to hear one?" (p.6) と言います。この one は、one of the tales of mighty heroes のことです。

　Would you care to ～ ? は「～しませんか」「～していただけませんか」という意味を表す、丁寧な表現です。「～」には動詞の原形が来ます。Would you like to ～ ? と同じような意味です。

例文
・Would you care to join us for dinner?（私たちと夕食をご一

緒しませんか）

・Would you care to wait here?（ここでお待ちいただけませ
んか）

Wiglaf は minstrel の申し出に、"**I would, indeed !**" と答えま
す。そこで minstrel は a hero who tried to slay a dragon の話を
始めます（p.7）。

slay は、このシリーズの slayer(s) と関連がある語であること
は想像がつきますね。「～を退治する」という意味の動詞です。

many a + 単数形名詞

この夜から、Wiglaf が minstrel に夕食である a bowl of
cabbage soup を運び、そのお返しに（in return）、minstrel は
Wiglaf に many a dragon tale を話してあげるということになり
ました（p.9）。

many a + 名詞（単数形）で「多数の～、幾多の～」という意
味になります。これはやや古風でフォーマルな表現ではあります
が、英語母語話者は（このように児童書に登場するくらいですか
ら子どもでも）知っています。日常会話ならば many a dragon
tale よりも、many dragon tales と言うのが普通でしょう。

例文

・I spent many a happy hour with my friends at the mall
yesterday.（私は昨日、ショッピングモールで友人たちと楽し
い時を何時間も過ごした）

・Many a man comes and goes on the street.（多くの人が通りを往来する）

やがて雪が解け、春が訪れ、minstrel は旅立ちの準備を始めます。別れの直前に、minstrel は Wiglaf の手相占いをしてあげます。そしてこう言います。

"**The lines on your palm say that you were born to be a mighty hero!**" (p.10)

ある日、Wiglaf と家族は the Pinwick Fair に向かう道中で、the village message tree に貼られてある notice を見つけます。

Dragon Slayers' Academy なる学校の生徒募集の告知でした。家族の話し合いの結果、Wiglaf はこの寄宿学校に入学することになります。

＊＊＊

Pinwick という村の貧しい農家で育った主人公の Wiglaf 少年は、ひょんなことから dragon を退治する勇者を育てる全寮制の学校 Dragon Slayers' Academy（DSA）に入学することになりました。

その学校で、ユニークな教師たちや同年代の生徒たちに出会います。先ほど紹介した第 1 巻 *The New Kid at School* では、DSA に入学してまだ 1 日も経たない Wiglaf は（dragon 退治のことをまだ何も知らないのに）、Eric（DSA の生徒）と一緒に Gorzil という dragon 退治を校長から命じられ、二人で出かけていきます。

そして、偶然にも Gorzil を退治することに成功したのです。

Revenge of the Dragon Lady は、DSA の dining hall での食事のシーンで始まります。ここでの主食は jellied eels で、これを毎日食べなければなりません。Wiglaf は、**"I'm sick of having eels for breakfast!"**（p.1）と学友の Erica に言います。Erica というのは、第 1 巻を最後まで読むとわかるのですが、実は Eric のことなのです。Eric は、本名は Erica で、「女子」なのです。

DSA は男子だけが入学できるのですが、どうしても入学したかった Erica は、男子に変装し、名前も Eric に変えて入学したわけです。このことを Erica は Wiglaf にだけ打ち明けるシーンが第 1 巻の最終章にあります。ですので、Erica ＝ Eric だと思って読み進めてください。

ちなみに、登場人物の詳しいプロフィールは巻末にわかりやすくまとめられてあるので、そちらも適宜参照ください。

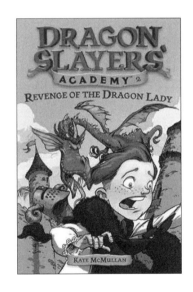

Revenge of the Dragon Lady
(Dragon Slayers' Academy #2)

著者：Kate McMullan
出版社：Grosset & Dunlap

仮定法過去

　Wiglaf と Erica は、dragon を退治する hero になりたいという夢を持っています（そのため DSA に入学したのですね）。

　If he were a hero, no one would tease him about being small for his age.（p.3）とあります。これは高校で学習する「仮定法過去」ですね。しっかりと形をおさえておきましょう。「If + S + 過去形…, S' + would〔should, could, might〕+ 原形〜．」で「もし S が…だったら、S' は〜するのだが」という意味になります。If 節の S が 1 人称・3 人称単数の場合は、普通は be 動詞の過去形は was ですが、仮定法過去の時は基本的には were が用いられます（was を使うこともできます。were のほうが多少形式ばっています）。引用文の If he were…の were はもちろん was でもいいのです。

　for his age の for は前置詞で「〜のわりには」という意味です。全体で「もし彼がヒーローだったら、彼が年齢のわりには体が小さいということについて誰も彼をからかわないのだが」という意味になります。

　つまり実際には Wiglaf は年齢のわりには体が小さく、そのことでよくからかわれるということなのです。「仮定法過去」の例文を挙げておきます。

例文
　・If I were a millionaire, I would travel around the world.（もし私が大金持ちだったら、世界中を旅行するのになぁ）

・If you had a student ID, you could get a discount.（もしあなたが学生証を持っていれば、割引してもらえるのに）

　ある日、DSA の Chief Scout である Yorick が、ある情報を仕入れてきます。ここで使われている scout とは watcher（見張り人）程度の意味です。Yorick は Mordred 校長に、次のように報告します。

"A dragon is headed this way. My sources say it is a she-dragon. She is hunting down the warrior who slew her son." (p.13)

　DSA に dragon が向かってきているというわけです。Yorick が仕入れた情報によると、それは she-dragon ということですが、she- というのは「雌の」という意味です（「雄の」は he-)。例えば、she-goat、she-wolf 等のように用いられ、人間の女性には用いられません。ただ、she-devil という特殊な語があり、これは「悪魔のような（残酷な）女」という意味になります。

　ちなみに、*She-Devil* という名のアメリカのブラックコメディ映画もあります（Susan Seidelman 監督、出演は Roseanne Barr、Meryl Streep 他、1989 年）。

　話を戻しますと、その she-dragon は、the warrior who slew her son を探しているわけです。her son というのは、Wiglaf が退治した Gorzil のことで、したがって the warrior というのが Wiglaf のことになるわけです。そこで、この本のタイトル *Revenge of the Dragon Lady* の意味が見えてきましたね。つまり、

174

息子を殺された母が、仕返しにやって来たわけです。

　さて、Wiglaf（たち）はどうも母 dragon と戦わなければなら
なくなるようです。Wiglaf は Gorzil を退治することができたの
ですが、それは「偶然」だったのです（詳しくは第1巻でぜひ読
み取ってください）。Wiglaf 自身も、次のように言っています。

"I was lucky to have guessed Gorzil's weakness," Wiglaf
said. "But what are the chances of that happening again?"
（p.21）

　Wiglaf たちは母 dragon（本名は Seetha）のことを調べるため
に、DSA の図書館に向かいます。

31 | 日本でも放送された 人気の魔女シリーズ

　The Worst Witch シリーズから1冊（第1巻）を紹介します。これは、Jill Murphy によるイギリスの児童書で、日本語翻訳も出ており、『ミルドレッドの魔女学校』という題でドラマ化され日本のテレビでも放送されました（Netflix でも見ることができます）ので、日本でも人気ある作品です。

状態を表す動詞の進行形

The Worst Witch
———
著者：Jill Murphy
出版社：Candlewick

　主人公で、Miss Cackle's Academy for Witches の1年生である Mildred Hubble は、学校一の劣等生で、ドジばかりやらかす女の子でした。
　この学校に入学すると、生徒たちは broomstick（箒）を渡され、乗り方を教わります。そして1学期が半分過ぎた頃、black kitten を渡され、生徒たちはこの猫に broomstick の乗り方を教えなければなりませんで

した。presentation（猫が渡される儀式）の日、みんなが black kitten を受け取る中、Mildred だけ tabby を渡されました。理由は、**"We ran out of black ones"**（p.14）とのことです。

broomstick に乗ることも、そして kitten に乗り方を教えることも決してやさしくはありませんでした。

Almost all the first-year witches were in the yard trying to persuade their puzzled kittens to sit on their broomsticks.（p.15）

It had taken Mildred several weeks of falling off and crashing before she could ride the broomstick reasonably well, and it looks as though her kitten was going to have the same trouble.（p.16）

そんな中で、1 匹だけ上手く broomstick に乗っている kitten がいました。

その飼い主は Ethel という子で、クラスで最優秀の生徒でした。しかし性格のほうはあまり良くないようで（bossy, nasty）、先生がいないところで Mildred に意地悪なことを言います。

たまりかねた Mildred は、おまじないで Ethel を frog に変えてやる！　と言い放ちます。しかし何をやっても上手くいかない Mildred にそんなことができるわけがない、と高を括る Ethel。ところが…おまじないが上手くいったのです、ただ、frog ではなく pig に変えられてしまった Ethel（この後、ちゃんと元の姿に戻ることができました）。

さて、毎年この学校の Halloween 祝賀会で生徒たちが display を披露することになっているのですが、今年は Mildred たちのクラスが display を務めることになりました。display は broomstick formation（箒による編隊飛行）に決まりました。しかし、Mildred は学期の初めに broomstick を折ってしまい、セロハンテープで留めてあるような状態です。これでは祝賀会には出られません。先生は Ethel がもう 1 本 broomstick を持っていることを思い出し、Mildred に 1 本貸してあげるよう命じます。

Ethel は、以前 Mildred によって pig に変えられたことをまだ根に持っています。しかし先生の強い命令には背けず、Ethel は渋々 Mildred に broomstick を貸してあげることにしますが、**"I'll fix you, Mildred Hubble,"**（p.48）と心の中でつぶやきます。fix は多義語ですが、ここでは「＜人＞に仕返しをする」という意味です。

"Thanks very much," replied Mildred, delighted that Ethel was being so nice, for the two hadn't spoken since the pig episode.（p.48）

ここで、Ethel was being so nice. に注目しましょう。状態を表す動詞（ここでは be）は進行形にはならないという原則があるのですが、それでも進行形になると「一時的な状態」（今たまたま、とか、故意にそうしているという意味）を表すことになります。

Ethel was so nice. だと「Ethel は（元々、常に）とても親切だった」という意味になりますが、was being so nice だと、「（い

178

つもはそうではないが、一時的に）とても親切だった」という意味になります。先述のとおり、本来は Ethel は nice な人ではないですからね。

> 例文
> ・Tom is being very quiet today.（トムは今日とても静かにしている）
> ・I'm living in Kobe now.（今、私は神戸に住んでいる）

「状態を表す動詞」には他に、hope、belong、like、know、want…等があります。動作（動き）で表すことができない動詞、といったところです。

　さて broomstick formation を披露していると、Mildred が乗っていた broomstick が急に揺れ出し、Mildred は振り落とされそうになり、他のクラスメートにしがみつき、生徒たちは互いにつかまり合ったので（Ethel 以外は）みんなバランスを崩し、空中は大混乱。broomstick formation は大失敗に終わりました。
　Mildred は先生方に叱られるのを恐れて逃亡します。ところがこの後、ひょんなことから Mildred のおかげで、学校が直面していたある「危機」を逃れることができ、先生方や生徒たちに大いに感謝されることになるのです。

32 | in＋感情を表す名詞で どんな表現となっていくのか？

　イギリスの作家 Julie Sykes による児童文学シリーズで、児童向けのファンタジー小説として人気がある Unicorn Academy（2023 年 2 月現在で全 21 巻）から 1 冊紹介します。物語の舞台は Unicorn Academy という全寮制の魔法学校で、そこで生徒たちは unicorn とペアを組んで、共に学校生活を送ります。

in ＋ 感情を表す名詞

　物語は、Sophia という名前の女の子が、Unicorn Academy に入学するところから始まります。

　Academy に到着すると、Sophia 同様、何人かの新入生の前に Ms. Nettles という先生が現れ、彼女に連れられて講堂に移動します。中に入るとすでに多くの生徒たちがいて、やがて Ms. Primrose という先生のスピーチが始まりました。

Sophia and Rainbow
（Unicorn Academy #1）
———
著者：Julie Sykes
出版社：Random House Books for Young Readers

"During your year at the school, your unicorn should come into his or her magical powers. Some of you are likely to discover this early in the school year, while others will take longer. You will be paired with your unicorn in a moment."
（p.15）

　この Unicorn Academy では生徒たちは自分たちの unicorn に適した魔法の力を見つけ、育てることが求められています。

　Sophia とペアを組むことになったのは Rainbow という名前の unicorn でした。

The unicorn with the rainbow mane whinnied in delight.
（p.21）

　この in delight は「大喜びで」という意味になります。「in + 感情を表す名詞」で「〈…の気持ち〉で［に］」という意味になり、話し言葉でも書き言葉でもよく使われます。in delight 以外では、in surprise（驚いて）、in excitement（興奮して）、in awe（畏怖して）、in dismay（落胆して）等がこの本の中に登場します。

　Sophia は早速 Rainbow の背中に乗りたいと思うのですが、躊躇します。なぜなら、彼女には長年の best friend である Clover という pony がいて（実家で飼っている）、Rainbow と best friend になることは Clover に対して disloyal なことだと考えるからです。実はこの感情はずっと長く Sophia の中に残り続け、このことが彼女の Unicorn Academy での生活にどう影響を及ぼ

すかという点にも注目して読んでみてください。それでも意を決し、Sophia はついに Rainbow に乗りました。

Before she even had a chance to sit properly, he whinnied in delight and took off.（p.25）

ここにも in delight が登場します。

学校生活に慣れてきた頃、Sophia が同級生の Ava と unicorn に乗って学校の周辺を散策していると、道端に座り込んでいる Lucy という女の子の姿が見えてきました。近寄ってみると、彼女のペアの unicorn である Cherry が Lucy の足首を見下ろしています。Lucy は転んで立てなくなったのだと言います。

Sophia と Ava が Lucy を助けようとすると、Cherry が自分の鼻を Lucy の足首にこすりつけ、優しく息を吹きかけました。すると、Lucy の足首の痛みが和らいで行きました。彼女はやがて立ち上がれるくらいに回復しました。

"You've got healing powers," gasped Sophia, staring at Cherry in awe.（p.52）

この in awe も「in + 感情を表す名詞」の類です。

このようにして生徒たちはペアの unicorn に本来備わっている magical power を一緒に開花させ、育んでいくのです。しかし学校生活は楽しいことばかりではありませんでした。

Column 9
絵本のすすめ

　私は英語圏の絵本が好きで結構読んでいますが、絵本（児童書も）は「子どもが読む物だから簡単でしょ」と思って読み始めるとそうでもなく、結構難しい場合も少なくないのです。文法や構文の観点からはそう難しくはないのですが、難しい点は、使われている単語です。英語圏で生活をしてみて初めて出会うという「生活」に根差した単語（お菓子や玩具の名前等も含む）があること、そして、子ども向けの絵本といっても、大人が子どもに読み聞かせることによって子どもが初めて理解するというものも少なくないのです。

　私は主に米国で何人かの友人たち（小さい子どもを持つ）と、児童文学を教える大学教授に聞いたことがあるのですが、この人たちも子どもの頃に絵本を読んで完璧に理解したわけではない、しかし年齢を重ねて自分が子どもに読み聞かせをする立場になって初めて理解できたこともある、とのことです。そもそも絵本は、子どもが自力で全てを理解できるという前提で作られているとは限らず、大人が読み聞かせをしてその声音や表情、そして大人が補足説明（長々とではなくとも reword、paraphrase したりして）を加えて子どもは理解するものだ、という側面もあります。

　換言すれば、大人になってから絵本を読むメリットとして、子どもの頃には理解できなかった点もよりよく理解でき、同じ本を読むにしてもまた違った（新たな）視点から楽しむことができるということがあるわけです（これは絵本に限ったことではありませんが）。

おわりに

私 と 英 語

　NHK 連続テレビ小説『カムカムエヴリバディ』で、ヒロインの安子がラジオの英語講座で勉強をしているシーンを見て、私も自分自身の中学時代を思い出しました。

　私は石川県金沢市の公立中学校に入学し、そこで初めて英語に出合いました。しかし第1回目の授業から、私はまったく理解できませんでした。新しい情報がどんどん押し寄せてきて頭の中が混乱してしまい、どうやって勉強すればいいのかもわからないまま途方に暮れていました。そんな私を見て心配した母が、NHKラジオの『基礎英語』のテキストを買ってくれました。『カムカムエヴリバディ』の時代とは違い、テレビは1台だけ居間にありましたが、インターネットや携帯電話はなかったので、自分の部屋での娯楽はラジオくらいしかありませんでした。私はラジオを聞くこと自体は好きだったので、『基礎英語』を聞くことも苦ではなく（そして他に頼りになるものもなかったので）、とにかく放送時間になるとラジオの前に座って、テキストを見ながら放送を聞きました。放送中に講師の上田明子先生が「発音練習の際には、毎回きちんとリピートしてください。しかし全てを覚える必要はありません（Repeat each time, but you don't have to memorize everything.)」とおっしゃったのを覚えています。そして私はその通りに実践しました。土曜日の放送は復習と特別レッスンで、そこでは発音記号、綴りと発音の関係、歌（マザーグース）が取り上げられていました。私は毎日聞いているうちに

少しずつ英語の発音と綴りについて理解するようになり、自信がついていきました。

『基礎英語』（中２になると『続基礎英語』に移るのですが）のテキストと並行して、学校の英語の教科書も音読・筆写するようになりました。特に「覚えよう」とは思わなくても音読・筆写を繰り返すうちに本文を覚えてしまったので、学校の試験でもほぼ毎回満点を取ることができました。

中学３年になり、年に１〜２回、学校に英語母語話者の ALT（Assistant Language Teacher：外国語指導助手）が教育委員会から派遣されてきました。日本人の先生と一緒にティームティーチング式の授業をしてくれたのですが、私にとっては「本場」の英語を生で聞くのは初めての体験で、一言も聞き漏らすまいと思って集中して授業を受けました。英語の先生にお願いして、昼休みに職員室に待機していた ALT の先生を訪ね、英語で会話をしました。これも私にとっては初めての英語母語話者と英語で話す機会でしたが、これまでに『基礎英語』と学校の教科書で覚えた英語を使ってそれなりに会話ができたことに驚き、また嬉しくもありました。私は、高校生になったらアメリカに１年間留学したい、と思うようになりました。

私が通ったのは普通の県立高校でしたが、当時としては珍しく、英語母語話者の先生が１名常駐していました。週に１回、その先生の授業があり、毎週 journal（英文日記）を課されましたが、提出すると丁寧に添削され、コメントも付いて返却されたので、楽しみながら勉強することができました。

今とは違いインターネットや電子辞書も普及していない時代で、紙の辞書を引きまくっての英作文は毎回大変な作業でしたが、こ

れで英作文の力（そして会話力）が大いに向上したと思います。

　高校では ESS（英語部）に所属しました。年に 2 回、県内の高校の ESS が一堂に会するイベントがあり、そこでは英語スピーチコンテストと英語劇発表会が行われました。私は高校 1 年生の時にこのスピーチコンテストに出場しました。人前でスピーチをする（しかも英語で）というのは初めての経験でした。まず日本語で原稿を書き、それを先生方に手伝っていただきながら英語に直していきました。持ち時間は 5 分で、本番では原稿を見ることは許されず、完璧に暗記しなければなりません。しかも、正しい発音とイントネーションで、聴衆を飽きさせない工夫も必要です。

　まず、5 分間のスピーチを暗記することが無理なことだと思え、何度も諦めかけましたが「覚えようと思うと苦痛だから、何度も何度も音読すれば頭に残るものだ（と思えば気が楽だろう）」という旨のアドバイスを先生からいただき、少し気が楽になりました。これは今に至るまで私の英語学習法の要となっています。

　つまり、暗記しようと思わなくても、結果として暗記してしまうまで繰り返し音読するということです。この時に覚えたスピーチ原稿は今でも大部分を諳んじることができます。自分が興味関心がある話題について、自分で英作文し、それを繰り返し音読するということが大いにアウトプット（話す、書く力）に繋がるということが実感できました。ちなみに、このスピーチコンテストで優勝することができ、私の英語学習のモチベーションが一気に高まりました。そして、この年（高校 1 年）、EIL（日本国際生活体験協会）の高校生交換留学プログラムに応募し、試験と面接に合格し、翌年の 8 月から 1 年間、米国の高校に留学することになりました。

　このプログラムではアメリカの家庭にホームステイし、現地の高校に1年間通うことが決まっていました。その州にあるSudburyの家庭にホームステイしながらLincoln-Sudbury Regional High Schoolという公立高校に通うことになりました。

　Sudburyは、人口約1万5千人ののどかな町です。アメリカは、ニューヨークやサンフランシスコなどの大都市の一部を除けば（特に郊外は）車がないと生活ができないという基本的知識もなかった当時の私は、この町に着いて驚きました。バスも電車も、タクシーも走っていません。見かけるバスは「スクールバス」くらいです。16歳で運転免許が取得できるので、多くの子ども達は16歳になるとすぐに免許を取り、自分で運転して通学します（それ以外の子どもはスクールバスか、友達と車に乗り合わせて通学）。私は、留学団体（EIL）のルールで、運転免許を取ることを許可されていませんでしたので、登下校はスクールバスが使えたのでよかったのですが、銀行や郵便局、買い物に行く際にもいちいちホストファミリーの誰かに車で連れて行ってくれるように頼まなければならず（徒歩圏内には何もなかったので！）、この点がとても不便でした。

　さて、アメリカの学校について少しお話ししておきましょう。アメリカの学校では「学年」をGradeと言い、小学校から高校までを通して1st Grade、2nd Grade…最終学年は12th Gradeと言います。高校では、9年生をFreshman、10年生をSophomore、11年生をJunior、12年生をSeniorと言います。私はJuniorの学年に所属しました。まず私が驚いたことは、学校に多くのカウンセラーがいるということでした。メンタル関連、進路指導、学習指導など、それぞれ専門のカウンセラーが数名い

ました。

私は夏休みの間に（新学年は9月に始まるので、その前に）学校に行き、履修科目登録をしました。アメリカの高校は、日本の大学と同じように単位制になっているため、授業は各自の卒業後の進路や興味、難易度（レベル）に合わせ、選ぶことになります。私は学習指導のカウンセラーに手伝ってもらい、時間割を組み立てました。私が履修したのは、American History、English、Algebra、Biology、Physical Education（PE）、Music、World Cuisine（家庭科）でした。PE、Music、World Cuisine はほとんど問題なくついていけましたが、その他の授業はついていくのが大変でした。English（日本の高校の「国語」に相当）が一番ハードでした。言葉そのものが重要な位置を占めるのですが、その言葉が自分の母語ではない「英語」ですから、なおさら大変です。English の授業では「1週間でペーパーバック1冊を読んでくる」というような宿題が出るのが常でした。そして授業では、作品についてグループ討論したり、先生が生徒達に内容についての質問をしたり、エッセイを書いたり、というものでした。

日本の「国語」で、1週間で小説1冊を丸々読んでくるという宿題は一切なかったことを考えると、日本の高校生は英語以前に母語（日本語）の読む量が少ないのではないか、と考えさせられました。

English の授業で最初に出された宿題が、1週間で小説 *One Flew Over the Cuckoo's Nest*（Ken Kesey 著）を読み切って、感想と議論したい点を書いてくるというものでした。ペーパーバックで300ページもある作品で、途方に暮れました。

そこで、カウンセラーに相談すると、tutor との面談予約を入

れてくれました。この学校には教員以外に tutor が二人常駐しており、学習面で問題を抱えている生徒や、授業において遅れを取っている生徒が（自ら、あるいは教員の判断や推薦で）放課後や空き時間に予約を入れ、tutor と一緒に勉強することができました。

　他の宿題としては戯曲 *A Soldier's Play*（Charles Fuller 著、ペーパーバック 100 ページくらい）を 1 週間で読み、さらにこの映画ビデオを見て要約を作るという宿題もありました。このビデオは（当然ですが）字幕もなく、頭を抱えましたが、ホストファミリーのお母さんが一緒に見て、ところどころ一時停止して解説してくれたおかげで、何とかレポートを作成。しかし授業では討論についていけず…。この時、日常会話も大切だけれども、こういう中身のあるもの（特に文学作品）を読んで、内容について議論できるようになりたいなぁ、と漠然と思うようになりました。

　米国の高校に留学して最も大変だったことは、学校の宿題をこなすことでした。先述のとおり、特に English の授業では、1 週間でペーパーバック 1 冊を読むという宿題も出て、tutor やホストファミリーの助けなしには成し遂げることはできませんでした。数学は何とかなりました。Algebra を履修したのですが、日本でやっていた数学よりは易しく、そして英語力がなくても数式は読めたのです。English になると、テキストは文学作品が主だったので、日本の高校までで教わる英語程度では太刀打ちできなかったのです。

　しかし、そうは言っても、日本の高校までの英語学習をしっかりやっていなければ、さらに途方に暮れたことでしょう。学校でしっかり学習した文法や構文、語句は、米国の高校で教科書を読

んだり、レポートを書いたりする際に大いに役に立ちました。私は米国に留学する前に英会話スクールや塾に通ったことはなかったので、学校の教科書とNHKラジオ『基礎英語』『続基礎英語』だけが英語学習ツールだったのですが、それらで学んだことが会話にも役に立ちました。現地の人が話す早口の英語（特に子どもは容赦なく早く喋る傾向があります）をすべて問題なく聞き取れたとは言えませんが（少しずつ慣れていきましたが）、いわゆる「学校英語」のおかげで、英語を話す際に困ることはほとんどありませんでした。「学校英語」「受験英語」は英語の読み書きだけでなく「話す」際にも大いに役立つことを確信しました。

参考（引用）文献
＊本書内で引用先を示す際には、[　]内のように表記しました。

図書
・江川泰一郎『英文法解説』金子書房、1997年。
・國弘正雄・他著『英会話・ぜったい・音読』講談社インターナショナル、2000年。
・林 剛司『中学英語から始める洋書の世界』青春出版社、2020年。
・林 剛司『日本人のための楽しい「英語読書」入門─ GRからはじめる「語感」を養う英語学習のススメ』22世紀アート、2023年。
・林 剛司『「受験英語」でシャーロック："The Adventure of the Speckled Band" を読む』（第4版）デザインエッグ社、2023年。
・Murphy, Raymond. Basic Grammar in Use, Cambridge University Press, 2017. [BGU]
・Redman, Stuart. English Vocabulary in Use (Pre-intermediate and Intermediate), Cambridge University Press, 2017.

参考（引用）辞書
『アドバンストフェイバリット英和辞典』東京書籍、2002年。[フェイバリット]
『ウィズダム英和辞典』第4版、三省堂、2018年。[ウィズダム]
『ジーニアス英和辞典』第5版、大修館書店、2014年。[ジーニアス]
Longman Collocations Dictionary and Thesaurus, Pearson Educated Ltd., 2013. [LCDT]
Longman Dictionary of Contemporary English (3rd Edition), Pearson Education Limited, 1995. [LDOCE,3]
Oxford Basic American Dictionary, Oxford University Press, 2010. [OBAD]
Oxford Student's Dictionary of English, Oxford University Press, 2012. [OSD]

190

INDEX

A	A Christmas Carol	123
	A Death in Oxford	61
	A Good Friend	26
	A Little Shopping	130
	A Little Trouble in California	51
	A Little Trouble in Dublin	76
	Alice in Wonderland	121
	Alone in His Teacher's House (Marvin Redpost #4)	158
	An Angel for Solomon Singer	103
	Arthur in New York	113
	Arthur Lost in the Museum	114
B	Big Hair Day	53
	Book Boy	56
C	Cam Jansen: the Mystery of the Stolen Diamonds #1	134
	Chrysanthemum	97
D	Dear Dumb Diary: Let's Pretend This Never Happened	161
	Dear Dumb Diary:My Pants are Haunted	163
	Dirty Money	63
F	Flat Stanley: His Original Adventure!	126
	Flat Stanley: Stanley in Space	128
G	Gone!	49
	Good Wives	95
	Granny Fixit and the Ball	45
	Granny Fixit and the Pirate	47
	Gulliver's Travels	119
I	Is He a Girl? (Marvin Redpost #3)	156
	It's Just a Cat	72
J	Jessica	100
L	L. A. Detective	32
	Let's Go Home	105
	Lisa's Song	68
	Little Bear	109
	Little Bear's Visit	111
	Little Match Girl	66
	Little Women	92
	Lizzie Zipmouth	148
	Lunch Lady and the Cyborg Substitute (Lunch Lady #1)	82
	Lunch Lady and the League of Librarians (Lunch Lady #2)	86
M	Max Has a Fish	15
	Mr. Putter & Tabby Pick the Pears	41
	Mr. Putter & Tabby Toot the Horn	36
R	Revenge of the Dragon Lady (Dragon Slayers' Academy #2)	170
	Robinson Crusoe	117
	Roommates	70
S	Slam Dunk for Mark	24
	Some Good News	132
	Sophia and Rainbow (Unicorn Academy #1)	179
	Star Reporter	18
	Summer Sounds	79
T	Taxi of Terror	21
	The Magic Barber	29
	The New Kid at School (Dragon Slayers' Academy #1)	166
	The Picture of Dorian Gray	142
	The Secret Garden	144
	The Snowman	12
	The Umbrella	34
	The Worst Witch	175
	Too Old to Rock and Roll	137
W	Who Is Barack Obama?	146
	Why Pick on Me? (Marvin Redpost #2)	153

著者紹介

林 剛司

横浜商科大学准教授。中学・高校や高専、大学教員、米国音楽雑誌の翻訳者を経て、現職。英語の多読に関する解説や論文多数。英米ロック、ポップスの歌詞の正確な解釈と対訳に定評がある。著書に『中学英語から始める洋書の世界』(小社刊)、『「受験英語」でシャーロック“The Adventure of the Speckled Band”を読む』(デザインエッグ社)、『日本人のための楽しい「英語読書」入門―GRからはじめる「語感」を養う英語学習のススメ』(22世紀アート) 等がある。2015年からはじまった*Asahi Weekly*(朝日新聞社)紙上にて執筆している「放課後ブッククラブ」は、連載10年目に突入している。

ちゅうがくえい ご   よ   ようしょ せ かい
中学英語でもっと読みたくなる洋書の世界

2024年5月30日 第1刷

著 者	林 剛 司	はやし たけ し
発 行 者	小 澤 源 太 郎	
責任編集	株式会社 プライム涌光	

電話 編集部 03(3203)2850

発 行 所　株式会社 青春出版社

東京都新宿区若松町12番1号 〒162-0056
振替番号 00190-7-98602
電話 営業部 03(3207)1916

印刷 三松堂　　製本 ナショナル製本

万一、落丁、乱丁がありました節は、お取りかえします。
ISBN978-4-413-23357-6 C0082
© Takeshi Hayashi 2024 Printed in Japan

中学英語から
始める
洋書の世界

林 剛司

大好評!
話題の第1弾は
こちら

中学生から英語に再挑戦している社会人まで
無理なく楽しく読める洋書をレベル別に紹介!

ISBN978-4-413-08503-8 本体1360円

※上記は本体価格です。(消費税が別途加算されます)
※書名コード (ISBN)は、書店へのご注文にご利用ください。書店にない場合、電話または
　Fax(書名・冊数・氏名・住所・電話番号を明記)でもご注文いただけます(代金引換宅急便)。
　商品到着時に定価+手数料をお支払いください。
　〔直販係　電話03-3207-1916　Fax03-3205-6339〕
※青春出版社のホームページでも、オンラインで書籍をお買い求めいただけます。
　ぜひご利用ください。〔https://www.seishun.co.jp/〕